MEMOIRE

en Images

FOUGERES

TOME II

Jean-Claude Chevrinais et Dominique Badault

ALAN
SUTTON

BATH • AUGUSTA • RENNES

Editions Alan Sutton
27, Quai de la Prévalaye
35000 Rennes

Première édition décembre 1994

ISBN 2-910444-20-1

Dépôt légal : décembre 1994
Imprimé en Grande-Bretagne par
Redwood Books Limited, Trowbridge

Table des Matières

Remerciements et bibliographie 6

Introduction 7

Préface 8

I. De Rille à l'abattoir 9

Rillé, Guélandry, boulevard St-Germain, boulevard de Rennes, Tribunal, Nantes, Laval, Vitré, Haute Bourgère, Vélodrome, Madeleine, Iné, boulevard Roussin, Duguay-Trouin, Abattoir, Sévigné.

II. De la gare à Bonabry 47

Gare, République, Jaurès, place Carnot, C. Malard, Feuteries, Duguesclin, Chêne Vert, Alexandre III, Orières, V. Hugo, Bonabry, Jeanne-d'Arc, Kléber, Gué-Pailloux.

III. Les conflits sociaux dans la chaussure (1906–1932) 113

Remerciements

Nous tenons à remercier tout particulièrement : Louis Pré, Lucien Tual, Patrick Bachelier, Claude Guillaume et Edouard Gaigne dont le prêt de documents a permis de compléter notre documentation pourtant conséquente.
Nous souhaitons par ailleurs adresser nos plus vifs remerciements aux personnes suivantes: A. Cador, M.T. Chemin, M. Cherel, M. Cobac, M. De La Touche, Y. Del Ponte, R. Derieux, S. Lecrivain, J.P. Marc, J.C. Pegeault, M. Rault, J. Saucet, frère Désiré, Archives de Rille, Archives municipales de Fougères et Jean-Yves Veillard conservateur du Musée de Bretagne qui ont contribué à l'iconographie de cet ouvrage.

Nos remerciements iront aussi à Joseph Rémy, Alain Hamelin, pour leur érudition qui nous a été bien utile dans l'élaboration de nos commentaires, ainsi qu'à M. Azé, G. Bougeard, Dulong, Houdusse, Le Bedel et tous les Fougerais anonymes avec lesquels nous avons conversé à bâtons rompus au cours de nos investigations.

Bibliographie

Bonabry - Histoire d'un quartier et de son église, G. Bougeard (Ed. Javené 1993)
Fougères et ses environs, F. Depasse (Ed. du Bestion 1986)
L'abbé Louis Bridel, A. Crublet (Ed. Blond et Gay, Paris 1934)
Fougères à la belle époque, Mme Audreu, G. Renaud (Sodim Bruxelles 1977)
Fougères heures épiques, heures tragiques, Colonel Gillot (Imprimerie Bretonne, Rennes 1961)
Une ville... Fougères... un pays, J. Bonnet (Ed. Siloë, Laval 1989)
Fougères au temps de la Belle Epoque, H. Rebuffe (Imprimerie de la Chronique de Fougères 1968)
Changer la vie, Jean Guéhenno (Ed. Grasset, Paris 1961)
Petits trains d'Ille et Vilaine, Dieuleveult, Edom (Ed. Cenomane 1986)
Au rythme des vieux métiers, Langlais (Imprimerie Nouvelle, Parigny 1992)
Fougères, mémoire du Pays (Ed. Fougères 1992)
Journaux :
La Chronique de Fougères
Le Petit Fougerais
Le Réveil Fougerais
Le Journal de Fougères
Annuaires :
Ouest-Eclair - Saffray
Rebuffe - Simon
Délibérations du Conseil Municipal (archives municipales de Fougères 1D1)
Bulletins paroissiaux de Fougères
Bulletins de l'amicale cartophile d'Ille-et-Vilaine - 1982 n° 2 et 3 (D. Badault - Fougères : La Grève de 1906/1907)
Archives personnelles

Introduction

Si de nombreux ouvrages ont traité du "Fougères historique" et, légitimement, avec une autre dimension que le nôtre, c'est à notre connaissance la première fois que l'on s'efforce de faire revivre les "nouveaux quartiers" de Fougères sortis de terre il y a environ un siècle. Cela s'explique aisément ; on n'y trouve en vérité, aucun monument vraiment digne d'attention. L'intérêt est ailleurs : il réside dans la vie quotidienne, très proche de nous dans le temps mais déjà, pourtant si lointaine de tout un petit peuple que nous essayons de replacer dans son environnement journalier.

Est-il besoin de rappeler que notre approche s'efforce d'être la plus objective possible et que nous ne privilégions aucune "chapelle" souci qui nous a animé en permanence, notamment dans la rédaction du chapitre III consacré à un panorama des conflits sociaux à Fougères.

Comme dans le tome I, nous avons privilégié un classement topographique : déroulant ainsi un itinéraire quartiers par quartiers. La difficulté était de trouver une transition cohérente avec le tome I : nous sommes donc revenus boulevard de Rennes et d'entrée, nous avons cherché à combler une lacune en allant visiter la communauté de Rillé à partir de laquelle on peut tirer une diagonale (suivant, grosso modo, la voie ferrée Pontorson-Vitré) du haut à gauche du plan au bas à droite où se situe la place de l'Abattoir. Cette ligne de démarcation fictive a servi au découpage de l'ouvrage.

La partie inférieure droite (Nantes ; Haute Bourgère ; Madeleine ; Abattoir) fera l'objet du premier chapitre, la cohérence de l'itinéraire suivi nous obligeant cependant à passer à nouveau par le boulevard de Rennes et la rue du Tribunal. La partie supérieure traite de la gare et du quartier de Bonabry ; on en profitera pour parcourir les principales artères remontant de la place de la République, puis la place Carnot et la rue C. Malard par laquelle on rejoint Bonabry en suivant la rue des Feuteries.

Malgré le sérieux de notre travail nos commentaires reposant parfois sur des témoignages oraux, il est possible que subsistent çà et là quelques petites inexactitudes.

Nous sommes fiers de présenter à nos lecteurs des documents qui, dans leur majorité, sont totalement inédits.

Nous tenons enfin à remercier les très nombreux Fougerais qui nous ont prodigué leurs encouragements.

Préface

Notre époque est éprise de technique. Elle admire les réussites qui promettent toujours plus et toujours mieux. Elle ne sait pas vivre sans la chaîne hi-fi, la télévision, le magnétoscope, l'ordinateur, le laser, le minitel, les jeux vidéo et le téléphone portatif. Elle s'enthousiasme pour le T.G.V. et pour le Concorde. Elle rêve devant l'envol des fusées spatiales. Elle a marché sur la lune.

Pourtant, jamais les passionnés de généalogie n'ont été aussi nombreux. Jamais les vitrines n'ont offert une telle floraison de livres d'histoire. Jamais les musées n'ont accueilli autant de monde. Jamais les touristes n'ont manifesté un tel intérêt pour la découverte des monuments du passé, ni pour la quête culturelle.

Nulle contradiction, à mon sens, entre ces deux constats. Si la culture, en effet, est connaissance ardente de toute l'oeuvre humaine, il est normal d'enlacer le passé au présent et au futur. Les fils ténus de notre histoire viennent tisser la trame de notre avenir. Et l'on peut méditer avec fruit cette formule fortement pensée que Charles de Habsbourg, héritier de la couronne d'Autriche, léguait aux téléspectateurs il y a quelques mois: "Celui qui ne sait pas d'où il vient ne sait pas où il va, car il ne sait pas où il est".

Nécessairement constructive aussi sera la réflexion qui surgira des pages de l'ouvrage de Messieurs Badault et Chevrinais. Leur travail s'inscrit dans la lignée de nombreuses publications sur Fougères et le pays Fougerais parues en quelques dizaines d'années, si vive est l'attirance des parfums du passé. Mais il leur a fallu méthode, patience et obstination, pour mener à bien ces recherches et faire parler des images souvent rares, quelquefois inédites, toujours judicieusement choisies. Que les auteurs soient ici félicités et remerciés, à raison de l'agrément de tant d'évocations fidèles, maintenant sauvées de l'oubli, qui devraient forcer le succès.

Joseph REMY
Président de l'Office de Tourisme de Fougères

I

De Rille à l'abattoir

Bien que Charlemagne eut un jour l'idée folle d'inventer l'école et soit, de ce fait, connu de ces écoliers, ils en savent sans doute plus sur Raoul II, le fondateur du château tout proche. Nous sommes à l'école communale du Château dans la classe du certificat d'études (1952-53). On aperçoit le directeur de l'époque, monsieur Rahuel. Au premier plan, au centre, C. Guillaume, à sa droite Le Cloarec et contre le mur, J. Giffrain.

La côte de Rillé, étant particulièrement raide, pouvait constituer un prétexte à se désaltérer. De ce point de vue, Vital Jousselin avait la chance de se situer tout en bas au n° 18. Si la soif n'était pas encore étanchée, après une tournée chez ce débitant, il était encore possible d'effectuer un passage chez ses sept concurrents de la rue, jusqu'au n° 123 chez Thomas.

Le quartier de Rillé constituait un des quartiers les plus populeux de la ville. Ses pittoresques maisons rappelaient celles de la rue des Fontaines. Peu de vues portent témoignage de la vie ordinaire de ces petites gens de Rillé. C'est au 83 rue de Rillé qu'est née le 10 avril 1806 Juliette Drouet, de son vrai nom Juliette Gauvain. Elle deviendra, à l'âge de 33 ans, l'égérie de Victor Hugo et entrera ainsi dans l'histoire littéraire.

Le comité fougerais de la Croix-Rouge prendra en charge dès 1914 deux hôpitaux : l'un situé à la communauté de la retraite, rue de la Foret, et l'autre au patronage St- Marthe, rue de Rillé. Ces photos prises en 1914 représentent l'ambulance St-Marthe. La garderie d'enfants, dont le développement doit tant à Myriam Nelet et à Pauline Montembault (avant-dernière personne à droite sur le cliché du bas), est transformée en hôpital auxiliaire jusqu'en mars 1917. Le médecin-chef, madame Darcanne avait beaucoup contribué à former ces jeunes filles au "charitable métier d'infirmière".

Les soeurs de Rillé ouvrirent dès 1846 un hospice dans les dépendances de la communauté. Il accueillait des enfants sourds et muets. C'était une des premières institutions de ce type en France. Après des débuts modestes : 6 en 1846, les effectifs augmentèrent rapidement environ 50 en 1900, 150 en 1950 et près de 300 actuellement. Le renom de l'établissement fit que le président de la République, Félix Faure, lors de sa tournée officielle à travers la Bretagne visita l'institution. Il remit à mère Marie Angèle, supérieure générale, les palmes d'officier de l'instruction publique.

La congrétation dite des “Soeurs de Rillé”, fondée en 1827 par l’abbé Jean-Baptiste Le Taillandier et Anne Boivent, célébra son centenaire les 5, 6 et 7 août 1927. Cette photo de la bénédiction du Saint Sacrement fut prise le dimanche matin, monseigneur Serrand devait célébrer, en plein air, à 11 heures, la messe pontificale. L’averse grossissant, il fallut transporter l’autel dans la grande salle de la communauté. De nombreuses personnalités civiles et religieuses assistèrent à l’office. Après l’évangile, le cardinal Charost monta en chaire, et retraça dans une émouvante allocution l’historique de la congrégation de Rillé. En début d’après-midi, la pluie cessant, les vêpres pontificales furent célébrées en plein air. Une foule très importante assista au salut du St Sacrement, *Le Journal de Fougères* avança le chiffre de plus de 4 000 personnes.

La cérémonie du Saint Sacrement terminée, l’assistance se rendit dans la salle des exercices, joliment décorée, en cette occasion. Une soeur récita un monumental poème de plus de 300 vers, entrecoupé de cantiques, reconstituant l’historique de la congrégation.

Les pittoresques maisons du Gué-landry, blotties au bord du Nançon (ou Nanson) étaient comme enchâssées entre un humble cours d'eau et une ligne de chemin de fer. Un peu à l'écart, le Gué-Landry constituait un frais écrin de verdure, à seulement quelques encâblures de la ville.

Les nouvelles limites du projet d'annexion, acceptées en 1946 par le conseil général ne seront en définitive officialisées que le 18 mars 1953 par un décret ministériel. Il prévoyait entre autre, l'appropriation par la ville de Fougères de Robinson, des maisons du Gué-Landry qui étaient situées sur la rive droite du Nançon, ainsi que le long du chemin du Parc.

Nous redescendons de Rillé par la rue du Portail Marie, dont on aperçoit l'extrémité à droite, pour rejoindre le boulevard Saint-Germain point de départ de la route de Fougères à Pontorson, on devine un petit attroupement au niveau du café devant lequel a été prise la très belle photographie de la page suivante.

Le carrefour entre le boulevard de Rennes et le boulevard St-Germain était déjà, à l'époque, malgré les apparences, un des plus animés de la ville. On aperçoit à droite, la rampe de la Corderie montant vers Rillé et rebaptisée ultérieurement, rue du Portail Marie. Le carrefour fut dénommé, un temps, place des Ponts de Rennes.

73 - FOUGÈRES - Un jour de Marché Collection G. B

Cette carriole paysanne laissait jusqu'alors perplexe plus d'un collectionneur local. Quel était donc le lieu exact de ce "jour de marché" ? De fait, Joseph Chartrain chez qui on logeait "à pied et à cheval" tenait auberge au 6, route de St-Malo, rebaptisée plus tard boulevard St-Germain. Il figurait parmi les membres fondateurs, en 1884, de la chambre syndicale des cafetiers, restaurateurs, hôteliers, débitants et limonadiers de la ville de Fougères.

Le boulevard de Rennes, percé au XIXe siècle, est situé sur l'axe de Rennes à Caen. C'est un des plus longs de Fougères. Sa construction, en permettant d'éviter la montée vers la Ville Haute par la rue de la Pinterie, a constitué un progrès considérable. Désormais, on débouche au carrefour St-Jean (rebaptisé place Gambetta en 1898), au fond au centre du cliché. Le boulevard de Rennes bordé d'habitations sans caractère particulier est une rue de faubourg, de ce fait peu commerçante. Les commerces sont concentrés au début du boulevard et il s'agit souvent de grossistes tel l'épicier Lecoq au n° 5 ou le marchand de grains Roussel au n° 8 ou encore Mobêche, vins en gros au n° 20. Le fleuriste Bougard tenait commerce, dans les années 20, au n° 1 mais les plus vieux fougerais se souviennent surtout du père Chanteclair, n° 6 chez qui ils venaient faire réparer leurs bicyclettes ! Les trois maisons visibles à droite sur ce cliché ont été démolies récemment.

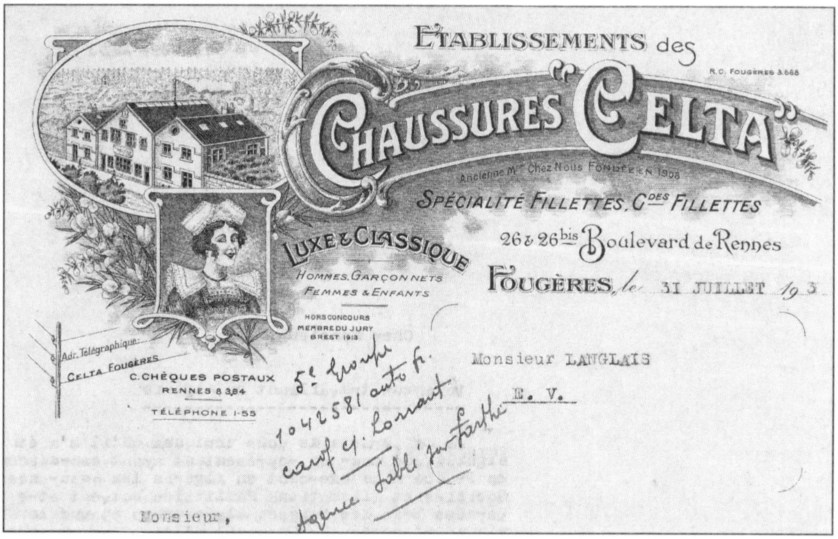

ETABLISSEMENTS des
R.C. FOUGÈRES 3.668
CHAUSSURES CELTA
Ancienne Mre Chez Nous Fondée en 1908
SPÉCIALITÉ FILLETTES, Gdes FILLETTES
LUXE & CLASSIQUE
HOMMES, GARÇONNETS
FEMMES & ENFANTS
HORS CONCOURS
MEMBRE DU JURY
BREST 1913
26 & 26 bis Boulevard de Rennes
FOUGÈRES, le 31 JUILLET 193
Adr. Télégraphique:
CELTA FOUGÈRES
C. CHÈQUES POSTAUX
RENNES 8 384
TÉLÉPHONE 1-55

Monsieur LANGLAIS
E. V.

Monsieur,

Desmoines crée en 1908, (26, boulevard de Rennes la manufacture) "Chez Nous" qui deviendra, après la guerre de 1914 "La Chaussure Moderne". Trop à l'étroit dans ses locaux, l'usine déménage vers 1925 au 53 et prend, sous l'impulsion de Desmoines fils, la dénomination de "Chaussures Celta". Avant la crise de 1932, existait aussi boulevard de Rennes la fabrique Fouquet Fiaux qui était de moindre importance.

Fougères en fête boulevard de Rennes, mais à quarante ans d'intervalle et dans un esprit bien différent ! Le cliché du haut représente un corso fleuri -concours d'élégance automobile- au tout début des années 50. Certains de ces "petits bijoux" feraient aujourd'hui la joie des collectionneurs !

Le cliché ci-dessous (1910) représente peut-être une mission ou, plus probablement, une Fête-Dieu.

Après avoir traversé la place Gambetta, nous rejoignons la rue du Tribunal par la petite rue de l'Hospice où se situait l'église St-Louis. Le café-glacier Morice était l'un des plus réputés de Fougères au début du siècle. Il se situait au n° 1 rue du Tribunal. A côté se trouvait, dans les années 30, la pâtisserie Alexandre.

Vis à vis du café Morice au n° 11, se trouvait la boutique du coiffeur -on disait alors, encore, perruquier !- Taurelle visible à sa fenêtre. Ce "salon moderne", également parfumerie, se targuait de pratiquer des prix très compétitifs. Heureusement, car la concurrence était vive dans ce secteur d'activité ; en 1900, deux autres "confrères" se partagaient, alors les faveurs de la clientèle dans la même rue et l'un d'entre eux occupait même le commerce mitoyen au n° 9. Quelques années plus tard, cette petite guerre commerciale aura déjà fait une victime. Quant à Taurelle, après avoir cédé son activité à Lessirard, il a déjà émigré vers d'autres cieux.

Cette belle devanture est celle du marchand de parapluies Thibaudeau que l'on voit ici avec sa femme et avec son employée. Nous sommes au n° 13 rue du Tribunal. Le magasin jouxte celui du coiffeur Taurelle dont il vient d'être question. Thibaudeau a à subir une concurrence moins rude que celle à laquelle est confronté son voisin, si l'on peut dire car la veuve Bouthemy est installée à quelques encâblures rue de Paris ! Un esprit malin disait : "il ne pleut pas suffisamment à Fougères pour qu'un marchand de parapluie puisse faire fortune... pas plus qu'un marchand d'ombrelles du fait de l'ensoleillement insuffisant". Il avait sans doute tort car, quinze ans plus tard, ce secteur était en plein boom à Fougères au point d'intéresser les "gros merciers tels Daspré ("à la Porte Roger") et Langlais ("au bon marché") mais cela n'intéressait plus Thibaudeau qui -comme le dit le poète- avait déjà, dans l'intervalle "échangé un petit coin de parapluie contre un coin de paradis".

Le commerce de nouveautés "la maison de Paris" se trouvait dans les années 20, 14, rue du Tribunal. Il était dirigé par un certain Lauttre qui se vantait, déjà à l'époque "de casser les prix dans des conditions telles qu'aucune concurrence n'était plus possible"... Peut-être est-il allé trop loin dans ses rabais, son existence -au moins à Fougères- ayant été éphémère.

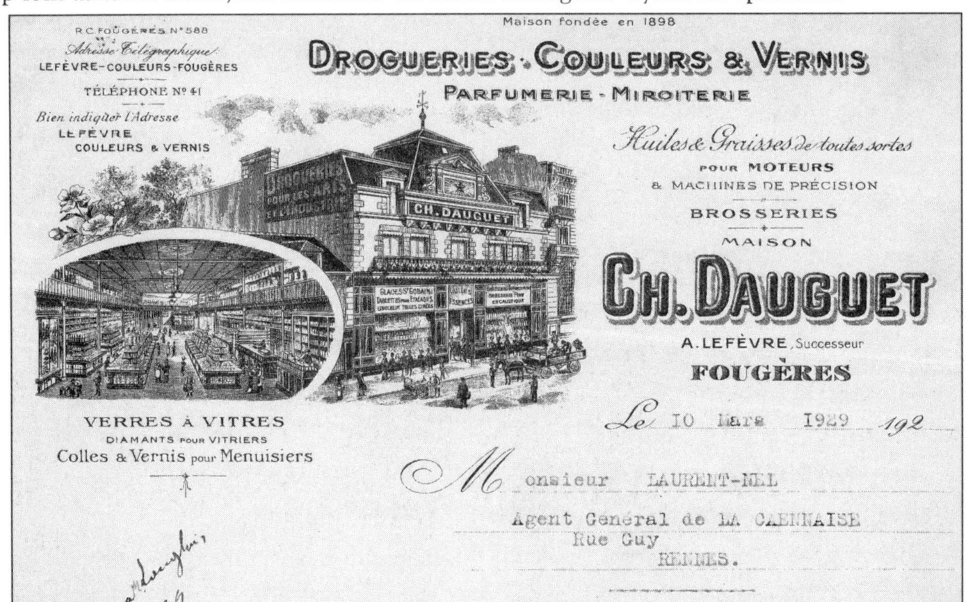

R.C. FOUGÈRES N° 588
Adresse Télégraphique
LEFÈVRE-COULEURS-FOUGÈRES
TÉLÉPHONE N° 41
Bien indiquer l'Adresse
LEFÈVRE
COULEURS & VERNIS

Maison fondée en 1898
DROGUERIES - COULEURS & VERNIS
PARFUMERIE - MIROITERIE

Huiles & Graisses de toutes sortes
POUR MOTEURS
& MACHINES DE PRÉCISION
BROSSERIES
MAISON
CH. DAUGUET
A. LEFÈVRE, Successeur
FOUGÈRES

VERRES À VITRES
DIAMANTS POUR VITRIERS
Colles & Vernis pour Menuisiers

Le 10 Mars 1929 192

Monsieur LAURENT-MEL
Agent Général de LA CAENNAISE
Rue Guy
RENNES.

A l'opposé, la droguerie Dauguet semble avoir été, à Fougères, une véritable institution. D'abord installée à la fin du siècle dernier rue Chateaubriand, elle est transférée rue du Marché (plus tard rue de Verdun) puis 12 rue du Tribunal où elle sera reprise, au milieu des années 20, par Lefèvre. ; A l'époque c'était un grand bazar où l'on trouvait un peu de tout, des parfums aux huiles de moteur en passant par tout un assortiment de peintures de toutes natures.

Nous nous situons dans la partie "la plus noble" de la rue de Nantes. Là se trouvaient plusieurs maisons de maîtres et hôtels particuliers tel celui du Dr Poirier, érudit local. On aperçoit également la grille d'entrée de la sous-préfecture de Fougères. Celle-ci fut fortement endommagée par le bombardement au point dit-on que le sous-préfet de l'époque ne put sauver que... sa brosse à dents. Ce qui restait du bâtiment fut rasé et on décida d'en reconstruire un neuf un peu plus en retrait par rapport à la rue. La nouvelle construction fut seulement achevée à la fin des années cinquante. A noter, également, à l'extrême gauche, le cinéma "Familia". Créé en 1913, il se dénommait à l'origine "cinéma des familles".

L'immeuble situé au centre a été détruit lors du premier bombardement (6 juin 1944) et les tenanciers du café furent tués dans cette circonstance. A droite, se trouvaient les entrepôts Masson-Sourdin (bois et feu) désormais implantés à Brécé. A l'extrême gauche, le poissonnier Morinais et juste avant, dans les années 30, le pompiste A. Boire... cela ne s'invente pas ! Tous ces immeubles ont, aujourd'hui, disparu.

La rue de Nantes est aussi une rue de faubourg comme en témoignent ces clichés datant des années 1910. On y trouve quelques petites échoppes : épiceries, merceries, bonnetiers, débitants de tabac... et surtout de nombreux cafés comme celui tenu par J. Quinton où, selon la formule consacrée, "on loge à pied et à cheval". On y rencontre aussi la boutique du coiffeur Lorant qui avait succédé à Dauguet quelques années plus tôt. La maison du coiffeur endommagée le 6 juin fut rasée ultérieurement. Elle abritait à l'époque la boucherie Bocel.

L'épicerie Serré était mitoyenne du commerce de Quinton. Les deux filles du "père Quinton" avaient éspousé également des cabaretiers : Guillard et Delatouche actifs animateurs des fêtes de la St-Fiacre.

La compagnie d'Ille-et-Vilaine qui était composée de 57 brigades était rattachée à la 10ème légion de gendarmerie. La brigade de Fougères, implantée 45 rue de Laval, comprenait 3 brigades : une à pied et deux à cheval ; par comparaison celle de Rennes n'en comptait à l'époque que cinq. Le capitaine, commandant la gendarmerie de l'arrondissement de Fougères s'appelait M. Fougères ! Il disposait d'un effectif assez réduit d'une quinzaine d'hommes (cinq par brigade).

Pendant la grève de l'hiver 1906, un escadron de gendarmerie, logé caserne "les urbanistes", resta à Fougères pour prévenir toute "fâcheuse éventualité". Fort heureusement il ne fut pas confronté à des incidents graves. Il dut, cependant, à plusieurs reprises, essayer injures et quolibets notamment lors de la tentative de réouverture des fabriques le 9 janvier 1907.

Au fur et à mesure que l'on s'éloigne du centre, la rue de Nantes s'affirme de plus en plus "populaire" ; bien que les habitations soient en pierres, il s'agit, le plus souvent, de logements modestes sans confort, assez révélateur du niveau de vie de la population dans sa majorité à l'époque. On remarquera l'état peu soigné de la chaussée. Le cliché du haut est postérieur d'une vingtaine d'année à celui du bas... entre temps les lignes électriques ont proliféré.

La prison St Roch. La prison royale de la tour Desnot, rue de la Pinterie étant devenue exiguë et inadaptée, il fut décidé de construire une autre prison sur un terrain triangulaire situé “entre les faubourgs de Vitré et de Laval, près de la caserne de gendarmerie” sur l’emplacement de l’ancien cimetière St Roch. Les travaux de construction commencés au cours du second semestre 1829 se poursuivirent jusqu’en 1834. Les 15 enfants de Julien Langelier, un des premiers gardiens, y naîtront entre 1830 et 1855. La prison comprenait un petit bâtiment pour la police municipale et un bâtiment principal pour la maison d’arrêt, le tout ceint d’un chemin de ronde. La prison St Roch “accueillait” des condamnés à des peines légères (de un jour à trois ans environ), la maison d’arrêt de Rennes abritait les condamnés à de plus lourdes peines. Au début des années 50, la prison était totalement vétuste ; la municipalité Réhault décida de construire en lieu et place des logements sociaux. Le logement constituait une des priorités de la ville de Fougères dans la période d’après guerre.

L'usine de J. Pichard, d'abord implantée place du Nouveau Marché, (place Carnot) s'installa vers 1905, rue de Nantes à hauteur de la rue P. Féval où se trouvait aussi l'usine de la veuve Bertin, une des seules fabriques à être restée dans les mains de la même famille pendant près d'un siècle. Sous l'impulsion de J.M. Pichard, la fabrique Pichard devint après la Première Guerre un établissement assez prospère. Après la crise de 1932, ce patron prit un associé : Parsonnel. Cette fabrique cessa son activité en 1936. Elle fut remplacée plus tard par l'usine "Bamarec" spécialisée en "petits outillages". Aujourd'hui subsiste, à cet emplacement, un parking. Dans la rue P. Féval, en face des usines Bertin à droite, se trouvaient avant guerre les haras de Fougères.

La rue de Nantes, point de départ de la route de Fougères à Vitré, se termine au niveau de la Haute Bourgère. On croirait, qu'à l'époque, les piétons pouvaient deviser en toute tranquillité, au milieu de la chaussée, mais les apparences sont trompeuses. Pas moins de huit fabriques étant implantées à proximité immédiate, la rue était "noire de monde" quatre fois par jour. A droite, les maisons bordent l'ancien tracé de la route des "cinq châtaigniers"... laissant ainsi un placis sur lequel s'installaient les manèges de la St-Fiacre. A gauche, un ensemble d'immeubles appartenant à la famille Bertin et récemment démolis.

E. Adam puis I. Bérard furent à l'origine des progrès considérables effectués, au début du XIXe siècle en matière de distillation de vin et d'alcools. Vers 1880 apparurent les premiers alambics ambulants. L'alambic utilisé trente ans plus tard par Gallais distillateur à Haute Bourgère, lieu-dit appartenant, alors, à la commune de Lécousse est sans doute bien différent de celui imaginé à l'origine par D. Savalle mais, techniquement le principe reste le même : l'appareil est chauffé à la vapeur et est muni d'un régulateur ; le vin n'y séjourne que quelques minutes et les produits obtenus, exempts de coups de feu, présentent une grande qualité : un alambic se compose d'une colonne, d'un condenseur cylindrique chauffe-vins, d'un régulateur de vapeur, d'un réservoir à vin muni d'un régulateur d'alimentation et enfin d'un petit générateur servant au chauffage de l'appareil. Tous ces éléments sont parfaitement visibles sur ce cliché.

Le vélodrome était plein des premières aux tribunes. La foule constituait tout un enchevêtrement bigarré de riantes toilettes, de chapeaux de paille et de tenues endimanchées. A l'occasion du concours hippique, hommes et femmes de toutes classes sociales rivalisaient d'élégance et de distinction et si l'on en croit le lyrique rédacteur du Petit Fougerais "à cette assemblée unique, l'aristocratie et le peuple fraternisaient ouvertement, dans le rayonnement du soleil de juillet".

Un attachement atavique pour la plus belle conquête de l'homme et un goût immodéré... pour la fête attiraient au vélodrome une grande partie de la population fougeraise qui comptait deux fils de paysans pour trois ouvriers. Le terrain était hérissé d'obstacles qui désarçonnèrent bien des concurrents. Ce jour-là, l'épreuve principale dotée de 1 000 F de prix sera enlevée par Harde que montait magistralement le lieutenant Falguère du 13ème cuirassiers, qui seul entre tous réussira un parcours sans faute.

La société de sports athlétiques "l'Union Sportive Fougeraise" comptait parmi les quatre sociétés de gymnastique de Fougères de la Belle Epoque. Cette formation composée en majeure partie d'ouvriers et d'employés sollicita dès décembre 1905 une subvention municipale qu'ils obtinrent (50 F par an soit environ 900,00 F actuels). Le président se nommait Deshayes, pharmacien, 14bis, rue du Tribunal. Les moniteurs principaux s'appelaient M. Bougoin et Allain J.M. Il faut signaler qu'un cinéma s'installa dans la salle de l'association, rue des Orièves, pendant la Première Guerre mondiale.

Les gymnastes de l'Union Sportive Fougeraise passent, dans un alignement impeccable, devant la tribune couverte, en bois, du vélodrome. La construction de l'actuelle tribune du stade municipal ne commencera qu'après les élections municipales de 1925.

Le dimanche 18 juillet 1897 marqua l'inauguration solennelle du vélodrome de Fougères qui constituait, à l'époque, le seul équipement sportif de la ville. On le construisit sur un terrain appartenant aux Hospices civils, situé à la Madeleine, actuellement stade municipal. La piste en bois mesurait 333,33 m avec des virages relevés à 48 %. Pour compléter cet équipement, une tribune d'honneur couverte fut aménagée ainsi que des gradins dans le virage ouest et un pourtour au nord. Pendant quelques années, la Pédale fougeraise y organisa, bon an mal an, 7 à 8 réunions de bon niveau. Entre les courses cyclistes avaient lieu des démonstrations sportives : football, escrime, athlétisme, gymnastique...Mais au fil des années, avec la création de nouveaux clubs sportifs, le vélodrome perdit en partie sa destination originelle pour devenir un stade omnisport, un "parc des sports".

En 1925, Salomé "le plus jeune as de la route du monde entier (sic)" a, paraît-il, en parcourant les 48 km séparant Fougères de Rennes en trois heures vingt-huit minutes, pris de vitesse le tramway.

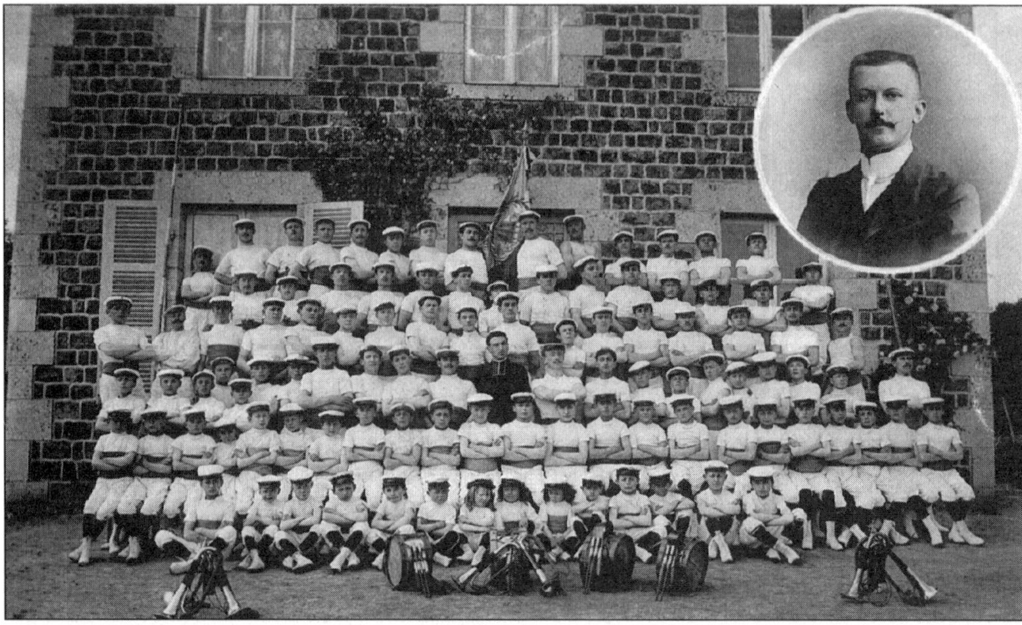

Le cercle St-Joseph, fondé en 1893, est rebaptisé en 1906 “le Drapeau”. Cette dénomination à résonance patriotique s’avérait plus dans le ton à l’époque de la séparation de l’Eglise et de l’Etat. En 1894, le terrain de jeux du cercle St-Joseph se trouvait à l’emplacement actuel du presbytère de Bonabry. Le terrain est transféré en 1896 dans l’actuelle rue des Orières, au lieu-dit “le Bois de Paris” et à partir de 1903 à la Madeleine. L’abbé Bridel figure, au centre, au milieu des gymnases. La section gymnastique, créée en 1901, était la toute première section sportive officielle du cercle qui contribua largement au développement de la société. Le Drapeau comptera à un moment plus de 300 gymnastes, plusieurs fois primés en équipes dans des compétitions officielles.

Ce cliché ne saurait résister bien longtemps à la sagacité de tout vieux fougerais. En effet, les bâtiments de la manufacture Alexandre Hatot (route de Vitré) à Iné, n'ont pas subi de transformations importantes, (exception faite du mur d'entrée). Par contre, la raison sociale change fréquemment depuis quelques années du fait des aléas du commerce fougerais.

Voilà qui peut dérouter davantage, ce quartier étant situé hors des grands axes routiers. De plus ce débit de boisson a été abattu dans les années 80, nous a confié, la larme à l'oeil, un vieil habitué nostalgique. Le café était situé à l'angle de l'actuelle rue Bachelot de Pylaie (au centre) et de la rue Duguay Trouin (à droite). Ce quartier appartenait, à l'époque, au territoire de la commune de Lécousse, d'où la légende "environs de Fougères" parfaitement justifiée à l'époque.

Les habitants d'Iné pouvaient à juste titre se sentir un peu isolés, comme coupés de la ville, juste avant le pont. En 1914, circula une pétition pour obtenir une boîte aux lettres dans le faubourg même, la plus proche était distante de 800 m de chez eux. Ils obtinrent satisfaction : le conseil municipal dans sa séance du 21 juin 1914 vota le crédit nécessaire. Ils réclamaient en même temps, curieuse association, le gaz et un bureau de tabac !

Lors du 1er bombardement, le 6 juin 1944, une quinzaine d'avions américains déversent vers 20 h leur flot de bombes sur le quartier d'Iné, cherchant probablement, selon le colonel Gillot, à atteindre le pont du chemin de fer, route de Paris. Des maisons de la rue Charcot, de la rue Albert 1er, et les baraquements de l'Ecartelée furent anéantis. Au premier plan, à gauche se trouvait, rue Charcot, la maison d'Aupied, couvreur fumiste.

Un ancien pharmacien, du nom d'Edmond Roussin, légua par testament à sa mort en 1895 une somme de 200 000 F aux hôpitaux de la ville. Il fit également don à la cité fougeraise de ses collections de tableaux, de photographies et des volumes de sa bibliothèque. Par reconnaissance envers ce bienfaiteur de la ville, le conseil municipal rebaptisa de son nom le 11 mars 1898 le "nouveau boulevard du Vélodrome". Les travaux réalisés vers 1900 et le plan d'alignement de 1906 donnèrent au boulevard, à peu près, sa configuration actuelle.

Le boulevard Edmond Roussin, proche de la gare, n'échappa pas aux dévastations qu'occasionna le second bombardement du 9 juin 1944. La crèche municipale de la Madeleine fut sinistrée et que dire de ce café Revêt en ruines au 46, bd Edmond Roussin, alors que la maison Dauphin au 48, quoique éventrée, reste miraculeusement debout. Grâce aux sapeurs pompiers et à des équipes de terrassiers qui fouillèrent les décombres, à l'écoute du plus imperceptible bruit on retrouva des rescapés à Fougères jusqu'au lundi 12 juin et même bien après à la Banque de France.

Cette façace du stand de tir aujourd'hui démolie ouvrait sur le boulevard Edmond Roussin. Les femmes, quoique très minoritaires dans cette société mixte de tir participaient à part entière. On inaugurera même à leur intention en février 1900 des cibles pour tirs à 12 m.

En janvier 1892 est créée à Fougères une société mixte de tir "La Fougeraise". En 1895, la Fougeraise avec un effectif de 246 membres à prédominance militaire, 176 pour seulement 70 civils, figurait parmi les plus anciennes société de France. Monsieur le Comte Ferdinand de la Riboisière, petit-fils du général en assumera la présidence jusqu'à sa mort en 1931. Il figure probablement au premier plan sur ce cliché assis devant la cible.

Il fallut attendre juin 1902 pour que les 371 sociétaires aient un stand de tir situé sur une bande de terrain perpendiculaire au boulevard Edmond Roussin. L'origine de ce terrain était une parcelle de la ferme de la Madeleine appartenant à l'époque à l'hospice St-Nicolas. Cette photographie a été prise le jour de l'inauguration.

En ce début de siècle, le stand de tir de "la Fougeraise" était ouvert tous les jours, sauf le samedi, et organisait en septembre à l'occasion de "la foire l'Angevine" un grand concours de tir.

La scène se passe devant l'épicerie Lepage qui était située à l'angle de la rue Poullet et du 93 boulevard Edmond Roussin. Il s'agit probablement d'un omnibus hippomobile d'un des grands hôtels de la Haute Ville. Le messager allait chercher à la gare les passagers et leurs bagages que l'on chargeait dans la partic haute, tandis que les voyageurs accédaient par l'arrière.

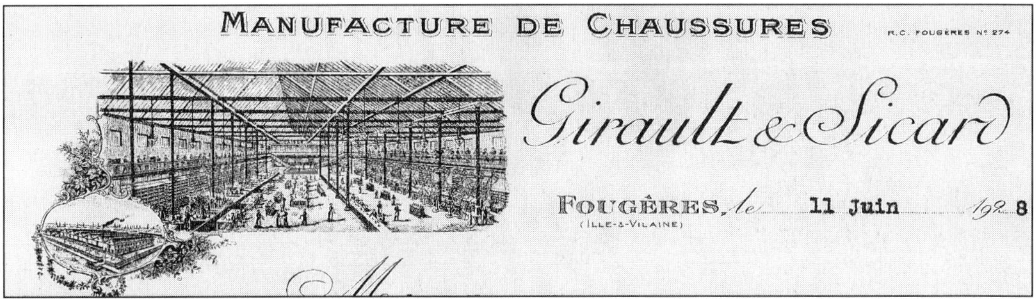
MANUFACTURE DE CHAUSSURES

R.C. FOUGÈRES N° 274

Girault & Sicard

FOUGÈRES, le 11 Juin 1928

(ILLE-&-VILAINE)

M

La manufacture fondée, en 1903, par Girault rue du Chemin Poulet (de l'abattoir) se développa rapidement et devint l'une des plus prospères du Fougères d'avant guerre. Demeur était, en 1908, le représentant de la maison Girault... on s'attendrait à voir sortir de sa fabuleuse malle... une colombe — ce qui en cette époque de conflits sociaux- aurait sans doute été bienvenu ! Le nombre de représentants en chaussures est resté assez stable pendant cette période bien que le nombre de fabriques ait été multiplié par cinq de 1900 à 1930. En 1910, Sicard s'associa à Girault et fit engager son fils comme représentant : Que devint alors notre Demeur ?

Cette photo de la boucherie chevaline Saucet (fondée en 1895) n'est pas prise devant leur étal situé 24, rue du Maine mais devant leur maison familiale située dans l'actuel boulevard Edmond Roussin, à l'angle de l'impasse du Chemin Poullet. Les frères Alphonse et Edouard Saucet s'étaient spécialisés dans la vente, l'achat et l'échange des chevaux. Pendant la Première Guerre, ils pourvoyèrent l'armée en chevaux. La spécialité de la maison Saucet, à l'époque, la seule boucherie chevaline de Fougères était leur fameux saucisson d'ânes et de mulets qui valait, paraît-il, le détour!

La construction d'un abattoir moderne à Fougères n'alla pas sans poser des problèmes : dépassement des délais (débuts en mai 1902, non achevé au 1er janvier 1904) et du coût des travaux, sans parler des réactions hostiles. Ainsi le syndicat des bouchers et charcutiers de Fougères présentait une pétition le 16 septembre 1904.

La compagnie des tramways à vapeur d'Ille-et-Vilaine mettait en service le 6 décembre 1897, une ligne de Rennes-Fougères. Le T.I.V. occupait dans le coeur des Fougerais une petite place à part. On lui pardonnait volontiers son inconfort, ses retards et ses dangers. Parfois il déraillait. Les voyages ne manquaient pourtant pas de pittoresque et d'imprévus. Quand le vieux tacot était surchargé, il fallait descendre et pour un peu il aurait fallu pousser ce tram, poussif pour monter la côte de Tanceraie, près de Romagné. La gare T.I.V. du tram était construite en bordure du chemin vicinal n° 7, qui correspond de nos jours à la rue Duguay-Trouin. Des lotissements ont été construits à l'emplacement de la gare, ils s'appellent T.I.V., une manière de ne pas l'oublier complètement ce cher tramway d'Ille-et-Vilaine, trop tôt disparu, ravi, en 1949, à l'affection des siens.

Dans la majorité des cas, les gares TIV se limitaient à un petit bâtiment en bois standard jouxtant une halle de marchandises. Rien de semblable à Fougères qui offrait aux voyageurs une “vraie gare” au lieu d’un abri de fortune. Le charretier figurant sur cette photo, datant de 1912, s’appelait M. Legrand. Le chef de gare de l’époque se nommait M. Francis Foulon et le facteur-chef, à gauche, M. Heulot. Comme sa concurrente, la gare-Etat, la gare TIV assurait la réception et la livraison des marchandises avec le même distinguo, petite vitesse et, parfois, (plus) grande vitesse !

Une place de l'Abattoir méconnaissable, photographiée à l'occasion d'une fête. Pour mieux situer les lieux, la maison était à l'angle de la place Edmond Hubert et de la rue des Docteurs Bertin, à droite. Cette calvacade en 1913 ne comprenait pas moins de "20 chars, 15 groupes costumés, 14 fanfares et musiques, soit en tout plus de 600 figurants".

La place de l'Abattoir, faiblement urbanisée, ne comptait alors qu'un abattoir municipal et trois cabaretiers dont un certain Soulard, Joseph de son prénom. Le char de la boucherie est à l'arrêt devant le cabaret. Un autre débitant Jean-Marie Ruffault faisait aussi office de concierge de l'abattoir.

Comme la gare tramway de la rue Duguay Trouin était relativement distante du centre-ville, la compagnie prolongea la ligne TIV jusqu'à une "station terminus" établie rue de Sévigné, en face de la gare de l'Ouest, concurrence oblige...Cette "station ville" répondait à l'attente et aux exigences de la clientèle.

II

De la gare à Bonabry

La gare de Fougères se trouve depuis la fermeture du trafic voyageurs, le 6 mars 1972, tenue à l'écart des relations ferroviaires. Pourtant autrefois, cinq lignes ouvertes aux voyageurs rayonnèrent à partir de "l'Etoile" de Fougères. Si l'une d'entre elles appartenait au TIV et se dirigeait vers Rennes, les quatre autres convergeaient respectivement vers : Vitré au sud, Pontorson au nord-ouest, Saint-Hilaire du Harcouët au nord-est et Mayenne à l'est. Les lignes permettaient de mettre en relation Fougères avec, entre autres, les lignes de Paris à Rennes, de Lison à Lamballe. Leur profil se ressentait du relief de cette région vallonnée, située aux confins de la Bretagne et de la Normandie : des rampes et des pentes avoisinant les 15 pour cent étaient monnaie courante.

Au premier plan à gauche, remarquons la présence d'un employé devant la guérite du service de l'octroi, installée en 1904 à la gare de Fougères. Le préposé percevait une taxe à l'entrée en ville de certaines denrées. Trente personnes travaillaient à l'octroi en 1911. Il n'existe plus en France d'octroi depuis 1948.

En 1910, le chef de gare se nommait M. Le Caloy et le sous-chef M. Brunel fils. Pour la réception et la livraison des marchandises existait un facteur-chef de la grande vitesse M. Trivière et un chef de bureau pour la petite vitesse : M. Aubaye. Et le travail ne manquait pas. A l'époque, la gare de Fougères, était la plus importante du réseau ouest pour le nombre de colis expédiés.

Longtemps espéré et réclamé par les populations des deux villes, le chemin de fer de Vitré à Fougères est déclaré d'utilité publique en 1865. Pourtant l'inauguration officielle de la ligne n'a lieu que le 25 août 1867 et il faudra encore partienter jusqu'au 1er octobre pour l'ouverture effective. Les 37 kilomètres sont parcourus en 1h50 avec arrêts à Gérard, Châtillon-en-Vendelais et Dompierre-Du-Chemin. Le "TPV", train petite vitesse permettait au moins de profiter du paysage !

Photo de famille pour le départ en retraite dans les années cinquante du Père Discord (dit la Zinguée). En bas, de gauche à droite : Chancerel, Barré, Dumont, Janin, Commeureux, Gautier, Le Garrec, Denis, Marteau (sous-chef de gare), Dohin, Boivent. En haut, de gauche à droite : Aimée Rochelle, Mme Legendre, Angèle Bronnec, Durand R., Frostin, Père Discord, Jane, Ruggec, Radiguer, Leclerc, Billois.

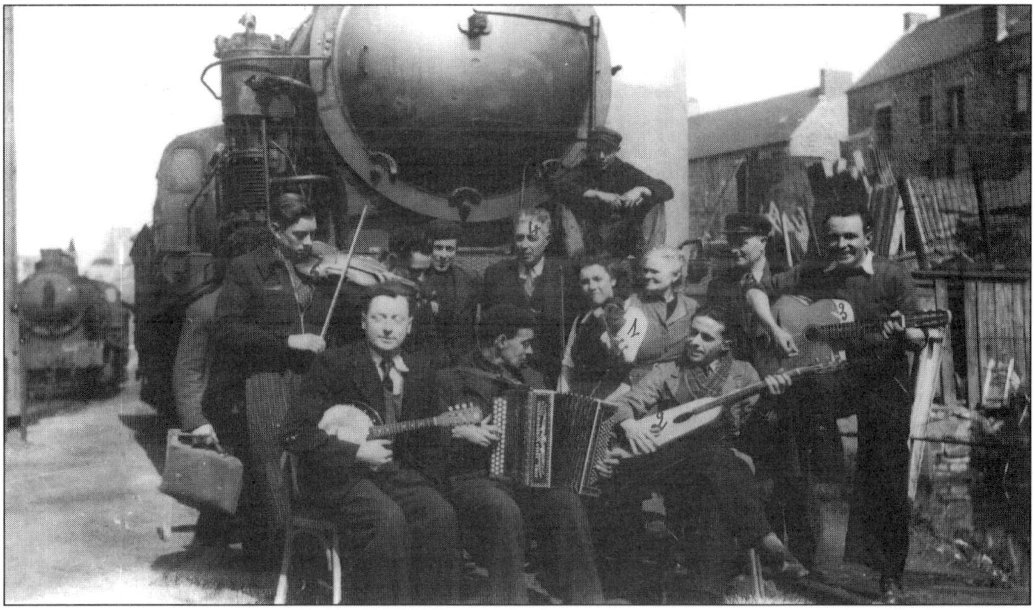

Ce n'était certes pas un orchestre philarmonique, mais ce concert improvisé au dépôt de la gare de Fougères constitue une scène inattendue que semble apprécier M. Ponçon, le chef du dépôt. Nos joyeux musiciens avaient beaucoup de cordes à leur arc : violon, banjo, guitare, sans compter le populaire accordéon. Ici posent : Mlle Benard (violon), Henri Lecottier (à droite de l'accordéoniste), Albert Bronnec (guitare à droite), Ponçon et Alfred Vannier.

Au début du siècle, l'hôtel Hameau-Roussel annonçait dans ses publicités qu'il était l'hôtel le plus proche de la gare-état et des tramways. Il était situé précisément à l'angle de la place de la Gare (République) et de la rue du Gaz, vis à vis de la gare des voyageurs.

Depuis le début des années 20, l'hôtel-restaurant de la Gare appartenait à la famille Poligné. En mai 44, des tranchées avaient été creusées et des abris construits tout autour de la place de la Gare et même devant l'hôtel de Louis Poligné. La bâtisse fut fortement endommagée lors du bombardement du 9 juin. Cette fois, la proximité de la gare n'arrangea pas les affaires du propriétaire !

A la fin du XIXe siècle, s'implanta à Fougères l'entreprise de serrurerie et de mécanique agricole Poirier ; celui-ci devint rapidement très prospère au point de prendre un associé Leray et de diversifier ses activités vers la vente et la réparation d'automobiles. Les ateliers étaient situés 14 rue Pasteur et la gravure ci-dessus en donne un aperçu assez fidèle. Cette maison devait, ultérieurement, se reconvertir dans l'activité de transporteur.

La distillerie Collet-Pintiaux, implantée 15, rue du Maine (J. Ferry), était la plus importante de Fougères ; elle se targuait, en 1914, d'avoir déjà obtenu six médailles d'or ; elle était très fière de son kirsch, de son eau de vie de cidre "la fougeraise" et, peut-être plus encore, de son inimitable Kola Quina, les produits de noms similaires inondant le marché, n'ayant rien des propriétés reconstituantes et reconnues du "Kola Quina Collet".

En 1909, le jour de la St-Luc, l'amicale des peintres fougerais (ouvriers et patrons) se réunit à l'hôtel de l'Ouest où avait lieu le banquet ! Ces artisans sont d'habiles manieurs de pinceaux, de vrais artistes qui feraient mentir la chanson : "La peinture à l'huile c'est bien difficile, mais c'est bien plus beau que la peinture à l'eau !". Le président d'honneur Charles Dauguet tint à remercier le président fondateur M. Adam et lui renouvelle en cette occasion sa confiance, ainsi qu'à M. Roussin (secrétaire), Mobèche (trésorier), Boulé et Vanhemebryck (membres du bureau). Après les toasts, les convives firent entendre les meilleurs morceaux de leur répertoire. Le banquet de l'amicale des peintres fougerais s'achevait dans une note de franche gaieté lyrique.

L'hôtel de la Boule d'Or situé à l'angle de la rue Jean Jaurès et de la rue des Feuteries était un des plus connus de la région fougeraise... malgré quatre changements de propriétaires en l'espace de trente ans ; A Lefeuvre, au début du siècle, avait succédé Laigner vers 1910, puis, dans les années vingt Marson (notre cliché date de 1925) bientôt remplacé par Le Merre...

Cette photo de l'inhumation officielle de Lucien Lechat fut prise le 16 octobre 1924. Le cercueil du caporal Lechat était arrivé la veille par le train en gare de Fougères. Le cortège passe devant l'hôtel de la Boule d'Or. Ce gars du Ferré appartenait à une compagnie qui, démoralisée par des attaques infructeuses, avait refusé de retourner au feu. Fusillé avec ses camarades, il fut réhabilité en 1934.

La famille Pitois tenait avant 1914, le “haut du pavé” dans l’industrie fougeraise de la chaussure. Ainsi, en 1912, elle contrôlait trois fabriques : Arthur et Pitois (bd de la Gare), Haudebert et Pitois (38 à 42, rue de la Forêt). C’est à la suite de l’échec de la négociation des tarifs des “opérateurs Boston” de cette fabrique qu’éclata le conflit de l’hiver 1906 et l’usine Pitois-Aveneau, 32, rue du Maine (rue J. Ferry) dont on voit, sur le cliché, la rentrée des ouvriers. En 1925, il n’existait plus aucune de ces trois fabriques (l’immeuble à gauche est actuellement occupé par le Crédit Agricole).

Venant de Vitré et avant de gagner Rennes, le président R. Poincaré consacra la matinée du 30 mai 1914 à une visite à Fougères. A cette occasion, le syndicat patronal de la chaussure avait fait édifier dans le bas du boulevard de la Gare un “monumental” arc de triomphe.

La place de la Gare, bientôt rebaptisée place de la République. A droite, le café Brunet (1908) à la descente du chemin de fer et l'entrée de la rue des Feuteries puis l'hôtel de la Boule d'Or dont on aperçoit le jardinet ; au centre, la perspective du boulevard de la Gare. Plus à gauche, l'hôtel de l'Ouest dont le store est baissé puis la perspective de la rue du Maine (future rue Ferry). A cette époque, les détenteurs d'une automobile étaient très peu nombreux et le passage d'un tel véhicule ne pouvait que provoquer un attroupement et susciter l'émerveillement des gamins... et peut-être aussi des moins jeunes.

Le garage de F. Vérot se situait 12, place de la République. Ce commerçant était concessionnaire des véhicules Brasier et des cycles Alcyon. Ses affaires se portaient assez bien, semble-t-il, en cette fin des années 20 !... et on ne peut que souligner le contraste entre ce document et le précédent. F. Vérot fut sinistré lors du bombardement du 9 juin 1944.

Le café de la Paix, place de la République avait été fondé vers 1905, par un certain Vitel, mais déjà à l'époque, on y consommait sans doute plus de "mic" que d'eau minérale !...Il fut repris après la première guerre, par Beaudron puis vers 1925 par Monthorin qui, lors de ce cliché pris à l'occasion de la "grande braderie" de Fougères, le 6 juin 1934, en était toujours propriétaire. Plusieurs associations fougeraises tenaient leurs réunions dans cet établissement, un des plus réputés de la cité.

La place de la République était, sinon le lieu de rassemblement, du moins un passage obligé, pour toutes les fêtes folkloriques, fêtes des fleurs ou autres mi-carêmes ! Il s'agit ici justement de deux spécimens de chars de la mi-carême 1934. Ces pittoresques clichés ont été pris à l'angle de la place et de la rue des Feuteries. Le père Rouxel, matelassier de son état, une longue tradition familiale, s'était transformé pour un jour en "bon paysan Normand". Il est assis dans la carriole (cliché ci-dessus).

Le café du Gymnase, lieu de rassemblement de plusieurs sociétés sportives, se trouvait 6, boulevard de la Gare. Il était tenu par L. Bonnant que l'on voit sur ce cliché à gauche. Son épouse, au centre, lui succédera dans les années 20, avant d'être remplacée par Fouquet. Au premier étage, se tenait l'atelier du tailleur Beunèche, auquel succéda Avignon.

L'équipe première de basket de l'A.G.L., probablement au cours de la saison 43/44. Les joueurs avaient revêtu un pull "style St-James" de couleur mauve. Au centre de la photo, M. Raymond Forthomme, président de la section basket de l'AGL, qui sera avec M. Duval, instituteur, à l'origine de la venue de Justy Specker. L'équipe présentait la formation suivante, de gauche à droite : Chauchix, Rivet, Groslier, Raoul et Robert Virenne, Gastel, M. Forthomme, Specker.

Il s'agit de la "Dream Team" de l'AGL au cours de leur exceptionnelle saison de 52/53. La formation comprenait, de gauche à droite : (en bas) Vinouze, Jean et Michel Rivet, Coudray, Nouet ; (en haut) : Jouannic, Quiblier, Specker, Féderlen, Derincy. L'AGL échouera seulement en finale du championnat de France de N1, à Paris, le 12 avril 1953, sur le score honorable de 57 à 42. Deux de ces joueurs, Marc Quiblier et Justy Specker, sélectionnés en équipe de France, disputeront quelques jours plus tard, le championnat d'Europe à Moscou. Justy Specker, sportif de haut niveau dans au moins trois disciplines : basket-ball, hand-ball et natation, constituait le chef de file de la formation fougeraise. Mais l'AGL ne compta pas moins, dans ses rangs, de neuf internationaux hommes et femmes !

L'intérêt majeur de cette carte postale est de nous montrer, au début du siècle, une section sportive de Fougères composée de fillettes. "L'avant-garde laïque" créa dès 1910, une section féminine, comme d'ailleurs "l'Union sportive fougeraise". Une autre société de renom n'accueillera ses premiers membres féminins qu'en 1923... sur les planches d'un théâtre.

Le patronage de "l'amicale laïque" organisait lui aussi des séances récréatives costumées ; telle cette "vieille ronde bretonne" dont la gracieuse chorégraphie semblerait avoir été réglée par des moniteurs. A moins que les femmes ne soient restées dans l'ombre du rideau. Mlle Fernande Dapilly et sa soeur Lucie seront à l'origine de la création d'une société joliment appelée "Les Libellules" dans les années 20.

Deux aspects du boulevard J. Jaurès à quarante ans d'intervalle. Au premier plan, à gauche, le bel immeuble occupé autrefois par la Société Générale et détruit lors du percement de la rue prolongeant la rue Dréo. Ce bâtiment avait échappé au bombardement au contraire des immeubles qui suivaient, presque tous détruits ou fortement endommagés et ce jusqu'au niveau de la rue du Tribunal -comme en témoigne le cliché ci-dessous. Parmi eux, l'immeuble en saillies qui avant guerre abritait le café Brindeau.

En 1924, l'abbé Louis Bridel transforma la petite entreprise familiale de menuiserie Harel et Desrues en une société coopérative ouvrière de production, appelée "le Genêt d'Or". A sa création, cette fabrique de meubles n'était pas installée au 30 rue du Tribunal comme l'indiquait cette carte publicitaire, mais au 26. Le Genêt d'Or employait une quinzaine d'ouvriers sous les ordres d'un ébéniste de métier Bontemps, directeur de la coopérative.

La maison Eugène Breton, fondée en 1889, était comprise entre la quincaillerie en gros de Louis Alliaume et la boucherie de Cyprien Pommier. Au 11 boulevard de la Gare, actuellement boulevard Jean Jaurès était installé le magasin d'ameublement, en face de l'attelage, et à côté les ateliers de l'entreprise de menuiserie et d'ébénisterie. La maison Eugène Breton assurait elle-même la livraison à la clientèle mais aussi... les déménagements.

Deux aspects différents de la place Carnot. Les immeubles situés en arrière plan sur le cliché du haut n'ont guère changé ! Le cliché du bas nous montre ce qu'ils pouvaient voir de leurs fenêtres vers 1905 : la perspective de la rue Dréo. Si les deux immeubles situés de part et d'autre au premier plan abritant respectivement, à l'époque deux cafés (dont le café Béranger) existent toujours il n'en est pas de même de l'immeuble de trois étages situé à l'arrière plan au fond et où se trouvait la pharmacie Bouffort. La place Carnot a accueilli le marché aux vaches près de soixante ans jusqu'à son transfert dans les années 50 place de l'Europe. Elle était aussi le lieu d'implantation des manèges de la fête foraine dans les années 30 de la foire exposition de Fougères.

Cette vue aérienne permet de visualiser à partir de la place de la Gare (en bas à gauche) tous les quartiers situés entre la rue Duguesclin à l'extrême droite et le château tout au fond vis à vis de la carrière. Au premier plan, au centre, deux immeubles imposants : le plus à gauche abritait les entrepôts Douard et Launais grossistes en grains, le second à droite, un peu en retrait, la salle de sport de l'AGL dont la démolition, il y a une quinzaine d'années, demeure controversée.

Ce document est surtout intéressant parce qu'il nous montre la place Carnot telle qu'elle se présentait au début des années 50. Au fond, à droite, le boulevard Leclerc est en cours de percement mais le raccordement avec la place Gambetta n'est pas achevé. Les immeubles de la rive droite sont achevés mais subsistent encore en vis à vis un ensemble de constructions hétéroclites, dont l'usine Grosnier dont l'entrée se trouvait rue du Tribunal, qui ne tarderont pas à être rasées.Au fond de la place (au centre du document) l'ancienne usine Huet qui fabriquait des accumulateurs et à côté la fabrique de chaussures L'Aube. A l'époque la rue Dréo n'a pas encore été raccordée à la rue de Nantes et on aperçoit encore boulevard Jaurès l'immeuble de la pharmacie Bouffort jouxtant celui de la Société Générale. En bas à gauche, le début de la rue Charles Malard et la coopérative ouvrière également démolie depuis.

Le centre de formation de la chaussure ouvert en mars 1942, dans l'ancienne usine Francis Pottier, 14 place Carnot.Il était subventionné par le Ministère du Travail et géré par un groupement d'industriels et de syndicats. La chambre syndicale de la chaussure, dont il dépendait assura sa mise en place et la formation des cadres. Les stages duraient six mois et étaient accessibles prioritairement aux handicapés militaires mais, dans les faits, accueillaient majoritairement des Fougerais (et même des Fougeraises !) Le centre de formation ferma le 30 septembre 1950 pour être repris à Romans, autre ville phare de la chaussure en France.

Ce bâtiment photographié en 1944 n'était pas un garage mais un cinéma "l'Etoile Cinéma", le plus ancien cinéma fougerais de l'époque, installé 11, place Carnot. L'apparition du parlant en 1929 dans cette salle constitua une première à Fougères. Des générations de spectateurs, petits et grands, pour un prix modique, tantôt y écraseront une larme, tantôt y partageront des scènes de fou-rire jusqu'à sa fermeture définitive en juillet 1949. Il fut démoli quelques années plus tard lors du percement du boulevard Leclerc.

La maison Vivier-Delatouche installée rue Bayard et boulevard Thiers, désireuse de montrer son savoir-faire, a choisi la place Carnot comme lieu d'exposition. A l'activité traditionnelle de charron-forgeron (en tous genre) s'étaient ajoutées la carrosserie et la peinture automobile. Se trouvaient ainsi associés attelages et automobiles, en quelque sorte le passé et l'avenir mais aussi le changement dans la continuité.

La fête nationale était, alors, le prétexte de réjouissances qui duraient deux jours. Si le défilé militaire était le temps fort des cérémonies, il s'agissait aussi d'une fête des écoles de la ville et d'une fête sportive où la musique militaire -ou philarmonique- avait une place de choix. Ainsi en 1914, le dimanche 13 juillet, les festivités débutaient à 20h30 par une retraite aux flambeaux. Le lundi 14 juillet, les "hostilités" démarraient à 6h par des salves d'artillerie. Et à 9h commençait, place Carnot, la revue des troupes de la garnison et de la compagnie des sapeurs pompiers. Ensuite, après un lâcher de pigeons (très réussi), commençait le défilé qui partait de la rue Dréo. Quelques semaines plus tard, beaucoup de ces jeunes gens allaient connaître d'autres salves, beaucoup moins réjouissantes. Le cliché ci-dessous représente une remise de décorations au lendemain de la Première Guerre.

En 1898 se constituait à Fougères une société coopérative et mutualiste "l'Alliance des Travailleurs Fougerais" qui accomplit une oeuvre considérable au service de la classe ouvrière. L'esprit de solidarité et de fraternité qui unissait les coopérants se manifesta, notamment, au cours des conflits sociaux nombreux à Fougères. Le 17 novembre 1911 marquait l'inauguration officielle rue Charles Malard du premier immeuble de la société en présence des 435 coopérateurs de l'Alliance et de personnalités "républicaines". Henri Le pouviel et Eugène Trébourg, chevilles ouvrières de "l'Alliance" structurèrent les diverses activités de la société laquelle prospéra et peu à peu ouvrit de nombreuses succursales.

Fougères, ville de garnison, était placée sous l'égide du 10ème escadron du Train des Equipages (caserné aux Urbanistes) et du Parc d'Artillerie lequel était cantonné au Chêne-Vert. La déclaration de guerre en 1914 avait contraint à restructurer l'organisation civile et militaire. Ainsi l'Etat-Major du 6ème escadron de Train avait réquisitionné la Maison du Peuple, y installant son quartier général.

La décision de construire une Maison du Peuple à Fougères remontait au début de 1903. Sa construction allait se révéler longue et difficile : l'inauguration officielle n'eut lieu qu'en août 1908. Pour l'occasion, les frontons de l'immeuble étaient recouverts d'une bannière syndicale, une banderole rouge conviant les travailleurs de tous pays à s'unir. Tandis que la cour et toutes les fenêtres étaient ornées de décorations en mousse, de lanternes vénitiennes et de lampions multicolores pour célébrer ce jour tant attendu.

D'inspiration laïque ou confessionnelle, les sociétés de gymnastique à la mode vers 1900 surpassaient en adhérents toutes les autres associations sportives. Le football, loin de son audience nationale et... planétaire actuelle, était réservé à quelques passionnés. Il est d'autant plus émouvant de pouvoir contempler une des premières équipes de football de "l'Avant-Garde laïque" (créée en 1906) prise vers 1914 même s'il faut avouer que le plus grand flou recouvre les origines du football à Fougères.

Vers 1900, une majorité de sociétés sportives avait à sa tête un président issu des classes aisées de la société (industriels, professions libérales...). Il s'agissait alors pour le sport ouvrier de se démarquer et d'affirmer sa différence. Ainsi, la Bourse du Travail de Fougères fondait vers 1905 sa propre société de gymnastique dont le nom "Prolétarienne" évoquait à dessein son origine et son appartenance aux couches laborieuses.

L'intersection entre la rue Charles Malard à gauche et la rue des Feuteries qui se prolonge à droite. Il faut convenir qu'en l'espace de quatre-vingts ans l'aspect des lieux n'a guère changé. On aperçoit rue des Feuteries la rambarde du pont franchissant l'ancienne ligne de chemin de fer et, immédiatement après, cette pittoresque maison à tourelle qui intrigue bon nombre de Fougerais. Charles Malard était le premier Fougerais tué au combat en 1870. Lorsqu'on perça la nouvelle rue devant relier la place du Nouveau Marché (Carnot) à la place de la Gare on trouva naturel de lui donner le nom de ce "héros". On devine à droite, au milieu de la rue, l'entrée des entrepôts Leteuré.

Le commerce de matériaux du bâtiment de Leteure exploité pendant deux générations, est bien connu à Fougères. Dans les années 50, le fonds fut repris par Lebossé. Certains de ces hangars sont encore visibles aujourd'hui. Lebossé transféra l'activité bois à Lécousse.

Deux documents inédits qui, par chance, ont échappé à la destruction ! Ci-dessus, le commerce du cordonnier Victor Roullier 4, rue des Feuteries. Le cliché est antérieur à 1914 ; à cette époque il existait ainsi à Fougères une dizaine de petites échoppes de cordonnier. En 1930 ce nombre avait doublé mais V. Roullier était toujours là. Ci-dessous le café d'Amand Blanchet situé 6, rue des Feuteries et, par conséquent, mitoyen du précédent. En 1920, on dénombrait plus de cent cafés dans le seul quartier de Bonabry !

La rue des Feuteries est l'artère commerciale, le véritable poumon du quartier de Bonabry. On y trouve de nombreux artisans de spécialités variées. On s'interroge encore aujourd'hui sur l'origine de ce nom. Sans doute a-t-il un rapport avec l'industrie des feutres, autrefois implantée à Fougères.

Lorsque la ligne de chemin de fer de Fougères à Vitré (1867) fut prolongée vers Pontorson, on perça sous la rue des Prés et sous la rue de la Forêt un tunnel dont on aperçoit l'entrée sur ce cliché ; un convoi allemand s'y réfugia pendant le bombardement. Ce tunnel avait, paraît-il, frappé les esprits au point qu'un guide touristique national n'hésitait pas à écrire au début du siècle : "Fougères, son château... son tunnel !".

En route pour la chasse... à courre ! Guéhenno évoquait avec une ironie grinçante le nouvel équipement de chasse du grand Langlois (un fabricant) et “ses trompettes longues d'un mètre dont le son aigu devait réveiller les morts”. Ces hommes, de la bonne société, pouvaient appartenir au Rallye Cor, une des sociétés musicales de la ville. Célestin Hamelin figure sur ce cliché (premier personnage assis à gauche). On aperçoit derrière l'attelage, la boutique du photographe Pierre Lambert, l'un des trois photographes de l'époque. Il disposait alors d'une succursale à Bonabry, rue de l'abbé Joly, en face de l'église.

Presque en face du café de Roger Baron, vers 1906, au second étage du 43 rue des Feuteries habitait la famille de l'académicien Jean Guéhenno. Son père, compagnon du tour de France, surnommé "Pontivy la Justice", habile ouvrier, appartenait au syndicat "rouge" des chaussonniers. Il siègera, à plusieurs reprises, au conseil municipal de Fougères.

A droite, au premier étage, habitait un grand syndicaliste fougerais Eugène Trébourg que l'on voit converser avec sa voisine Madame Robin. Au premier plan, à gauche, se trouvait, vers 1904, le bureau succursale de la poste de Bonabry, transféré un peu plus tard rue Charles Malard.

Sur tout le parcours de la procession de Fête-Dieu de la paroisse de Bonabry, une foule de fidèles se pressait pour recevoir la bénédiction au passage du dais. Tout au long de la rue Duguesclin quelle profusion de fleurs et de guirlandes ! L'admirable reposoir érigé avec soin, couronné de verdure et d'ornements n'a vraiment rien à envier à celui de la rue Canrobert. La population du quartier, bon enfant, "ne se faisait pas prier" pour poser devant l'objectif. La photo permettait d'immortaliser ces jours de fête. Les clichés présentés sont antérieurs à 1900.

Rue Duguesclin, au n° 36 se trouvait dans les années 1910 la boucherie Coirre. Le patron se tient devant sa devanture avec sa famille. Ce commerce devait disparaître avant 1925. Il n'y avait plus, dès lors, de boucherie rue Duguesclin.

La commerce mitoyen était le café Duguesclin tenu alors (1911) par la famille Mobèche. Celle-ci faisait aussi mercerie, épicerie et articles de ménage. Elle passa la main à la famille Chevalier dans les années 20. Aujourd'hui se trouve encore un café boucherie à cet emplacement.

Le comité des fêtes de Bonabry eut l'heureuse idée d'organiser à l'école maternelle de Bonabry, rue Duguesclin, le 24 septembre1922 un concours du plus beau bébé. Près de 200 à 300 bambins de 1 à 5 ans (si on en croit la presse locale), tous plus "mignons" les uns que les autres concourent devant le jury. Il y eut bien quelques pleurs ça et là d'enfants intimidés par la foule mais ils se perdirent au milieu des rires. Chacun des bébés reçut un souvenir. Le dimanche soir, un cinéma en plein air, installé au carrefour de l'horloge, devait diffuser des extraits de la compétition, mais des problèmes techniques empêchèrent, au dernier moment, la réalisation du programme prévu.

La grève qui, en 1921, paralysa les Verreries de Laignelet fut particulièrement dure. Afin de sortir de l'impasse, l'abbé Bridel décida de créer une société coopérative ouvrière de production. Il obtint du ministère de la guerre, avec promesse de vente, la location d'un terrain de 2 500 m2 au nord de la gare, avec hangar et magasin. Ainsi, après neuf mois de privations, les grévistes retrouvèrent-ils un emploi stable à la Cristallerie fougeraise ; pour les seconder on embaucha des apprentis originaires du pays de Lorient. Le 1er octobre 1921 après la bénédiction du four, fut coulé le premier verre de la nouvelle cristallerie. Le premier four s'avèrera défectueux... incident, heureusement sans grande conséquence.

Il s'agit de l'atelier de coupage à froid du verre qui nécessitait à l'époque une main-d'oeuvre importante. De nos jours, à la cristallerie est utilisée une machine semi-automatique.

Le magasin constituait la dernière étape de l'activité production. D'habiles mains féminines emballaient les verres et les conditionnaient avant l'expédition à la clientèle. Pendant près d'un demi-siècle, le verre "de bistrot" représenta la quasi totalité de la production, la nouvelle cristallerie de Haute Bretagne s'oriente davantage vers "les arts de la table" : services, carafes, vases...La cristallerie a perdu en 1983 son statut coopératif au profit d'une S.A.R.L. Incontestablement, cette coopérative peut être considérée comme la plus belle réussite (et la plus durable) de l'abbé Bridel.

Afin de faire face à la crise du logement qui sévit à l'époque à Fougères, l'abbé Bridel créa en 1922, le "Foyer Fougerais", société coopérative d'habitations à bon marché. Le "Foyer Fougerais" voulait permettre à des gens modestes de devenir propriétaires. M. Hyacinthe Perrin, architecte rennais élabora les plans de ces coquettes maisons "construite en pierres, sur un modèle uniforme" avec jardin, dont une centaine fut réalisée. Trois cités ouvrières virent le jour : la Cité Jean Allain, dans le quartier des Orières, la Cité de la Madeleine et la Cité de "Mare Bouillon" à côté de la cristallerie fougeraise. Cette dernière fut endommagée par le bombardement de juin 1944.

Le char du Drapeau, un des vingt chars de la cavalcade et défilé fleuri du 29 juin 1913, passe devant la boulangerie Mérienne, rue Alexandre III et se dirige vers la rue des Feuteries (à droite). La légende de la carte "futurs défenseurs de la patrie" était symptomatique de l'esprit revanchard de l'époque. D'ailleurs les statuts du Drapeau prévoyaient en autre "de développer auprès des jeunes gens, les forces physiques et morales, pour donner au pays des hommes robustes et de vaillants soldats".

La rue Alexandre III n'a pas inspiré les photographes comme la rue des Feuteries. Cet alignement monocorde distillait à première vue l'ennui. Pourtant l'ouvrier fougerais qui menait une existence difficile n'avait pas, à tort ou à raison, la réputation d'être triste : des sifflements ou des chansons accompagnaient le martellement de la semelle ou la trépidation de la machine à coudre.

La fête organisée par la commune libre de Bonabry les 16 et 17 septembre 1933 avait su conserver cet esprit frondeur et de dérision. Le samedi, le maire "bonabrisien" posa rue Kléber une première pierre pour "cette rue aux nids de poules, chose précieuse en période de crise économique". Le dimanche après-midi la vedette de la cavalcade était le char de la Marine. Le capitaine éblouissant de blancheur, délicatement souligné de bleu avait bourelingué sur toutes les mers du globe, aussi se jouait-il des méandres tonkinois de la rue Alexandre III.

Cet autre char "de mousse des forêts légendaires, bruyères des landes et chardons bleus des dunes" est stationné à l'angle des rues Alexandre III et Duguesclin. Aux commandes du char breton se trouvait Pierre Simon et à sa droite sa femme Reine. Parmi les nombreuses personnes de ce sympathique attroupement se distinguait le jeune René Bachelier arborant crânement un chapeau breton traditionnel.

Les époux Lefort tenaient un café épicerie, à l'angle de la rue Bayard et du 13, rue des Orières. Les enfants du quartier se pâmaient d'envie devant les bocaux de sucreries, aux belles étiquettes bigarrées, joliement rangés. A l'heure des pauses, le café ne désemplissait pas : les verres s'alignaient sagement sur le comptoir. Et sous l'effet euphorisant des "bolées" et des "mics", l'ouvrier philosophe refaisait le monde.

Vers 1910, au n° 17 du Bd Thiers se trouvait la boulangerie Jourdan qui disposait aussi d'une entrée rue des Orières. Cet artisan existait toujours en 1930. Aujourd'hui, fait relativement rare, il existe encore une boulangerie à cet emplacement. La voie située entre la rue des Docks (V. Hugo) et le boulevard Thiers reçu en 1898 le nom de rue des Orières (visible à gauche sur ce cliché).

Nous sommes à l'autre extrémité de la rue des Orières. Celle-ci fut particulièrement touchée par les bombardements; A droite, l'entrée de la cité Graziana -détruite dans ces circonstances. Graziana était un entrepreneur du bâtiment d'origine italienne qui s'était établi à Fougères après la Première Guerre. Il avait cédé son activité à Chataignière en 1928.

Vers 1900, une soixantaine de bornes-fontaines (appareils distributeurs d'eau en forme de borne) permettait à la population fougeraise de s'alimenter en eau potable. L'eau courante à domicile était un luxe peu répandu. Le char évoquait avec humour, en 1923, le cortège funèbre de la dernière borne fontaine, vestige d'un autre âge ! Une chanson très populaire à Fougères vers 1910, s'intitulait "la complainte des bornes fontaines".

La cavalcade du 5 août 1923 se mettait en marche à 14 heures, sous la protection d'un débonnaire garde-champêtre d'un jour, M. Martinais. Le char de l'aviation passait devant le n° 45 de la rue Hoche sur la place formée par les rues Hoche et Gustave Flaubert. C'était un bien curieux aéroplane avec un singulier moteur, un pittoresque aide-pilote militaire indispensable pour diriger à pied son vol cahotique et désopilant.

Le char du château de Fougères.

En 1898, le conseil municipal rebaptisa certaines rues portant des noms de personnes encore vivantes afin de se mettre en conformité avec la loi en vigueur. Ainsi, la rue Guimonneau prit le nom d'un port russe Cronstadt, (Alliance Franco-Russe oblige !) avant d'être rebaptisée, rue Gustave Flaubert en 1934. Pour l'anecdote, le célèbre romancier avait séjourné dans notre ville en juillet 1847 et visité, à cette occasion, la forêt de Fougères.

Une de ces petites boulangeries de quartier installée 40, rue Cronstadt, (vers 1916) ; à l'époque il n'était pas convenable de gaspiller cet aliment de base qui symbolisait le fruit du labeur. L'homme à la cravate, Louis Bachelier, boulanger en permission, posait en compagnie de sa femme Reine et de son fils Louis. Les deux employés de la maison, en tenue de travail, complétaient ce sympathique portrait de famille (l'ouvrier situé à l'extrême gauche de la photo était revenu du front sérieusement blessé au pied).

L'industrie "chaussonnière" connaissait une période d'une incroyable prospérité qui se traduisait par la création un peu anarchique de nouvelles fabriques (de toutes importances) et la venue dans la cité fougeraise d'ouvriers issus le plus souvent des campagnes environnantes. Le quartier de Bonabry qui vivait à l'étroit entre ses murs s'étendit vers le nord, en direction de Bel-Air.

Quelques années plus tard, comme le raconte M. Rebuffé le percement de la rue René Le Pays, créa un nouveau lotissement "qui prend son point de départ rue Kléber prolongée, débouchant de la rue Victor Hugo vers les hauteurs de Bel-Air, où tout un lacis de voies secondaires s'est développé".

Triguel-Porée, ébéniste, était, au début du siècle, implanté 18, rue Victor Hugo ; on le voit poser, en 1907, sur son pas de porte (en noir) entouré de ses cinq ouvriers.

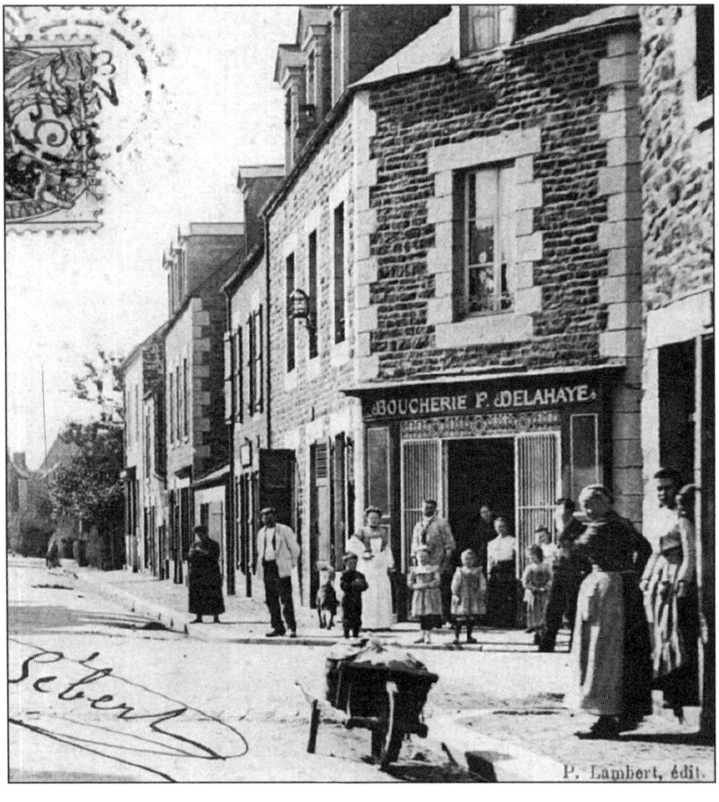

Face à l'ébéniste, au numéro 23, rue Victor Hugo, faisant l'angle avec le boulevard Alexandre III, se trouvait, à la même époque, la boucherie de P. Delahaye. La rue V. Hugo se nommait à la fin du XIXe siècle rue des Docks. Alexandre III était tsar de Russie, son assassinat ayant frappé l'opinion -et l'époque étant au rapprochement Franco-Russe- on rebaptisa de son nom en 1893 l'ancienne rue Guimonneau ; curieusement cette appellation n'a pas été remise en cause ultérieurement.

Le lavoir du Gué Pailloux, aujourd'hui disparu, était déjà à l'époque enserré entre deux débits de boisson. Le lavoir et ses joyeuses lavandières inspirèrent à un esprit un tantinet caustique ce couplet fort guilleret : "Pas bégueules mais fortes en gueule, buvant souvent un petit coup, pas bileuses mais fort joyeuses, les laveuses du Gué Pailloux...". On entendit ces paroles pour la première fois semble-t-il au cours d'une fête de Bonabry dite du Tonfain (lors du passage du char de ces lavandières).

Le président Poincaré, déjà reparti, n'assista pas le 30 mai 1914 au meeting d'avion de Paron. Un public clairsemé suivit les différentes acrobaties des aviateurs Stéphan et Bathiat. Figuraient à leur programme : "looping the loop", chute en feuille morte, la vrille tourbillon... effectuées samedi et dimanche. Le dimanche, à 17h30, le ballon gonflé par des tringlots et des marsouins prit le départ. A son bord l'aéronaute Leprince et le parachutiste Melin qui effectua son saut à 2000 m d'altitude. Un tel saut aurait mérité un reportage photo !

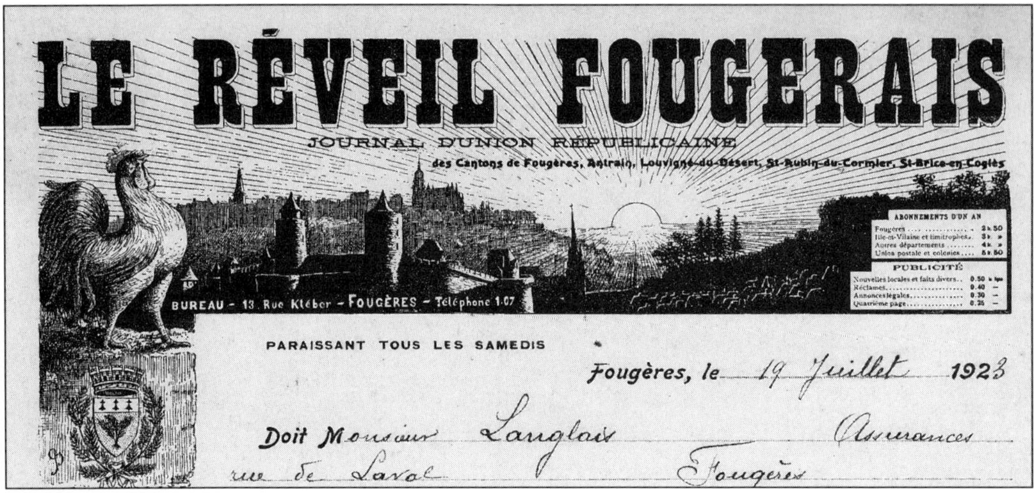

Le Réveil Fougerais, hebdomadaire d'Union Républicaine, avait été créé en 1912. Il était installé 11 et 13, rue Kléber. Avant 1914, il n'existe aucun quotidien, la diffusion de l'information est donc l'apanage des quotidiens rennais : "Le Nouvelliste" et "Ouest-Eclair". On trouvait, dans les kiosques, hormis le "Réveil" trois autres hebdomadaires ; l'un d'obédience monarchiste : le Journal de Fougères de Philouze et les deux autres de sensibilité républicaine. La "Chronique" et le "Petit Fougerais" de Rébuffé. Un bi-mensuel socialiste "Le Travailleur Fougerais" complétait le panorama de la presse locale.

La manufacture des frères Saucet s'installa, dans les années 30, rue Kléber prolongée. Elle était spécialisée dans les chaussures pour enfants. Cette famille évoluait depuis longtemps dans la mouvance de l'industrie de la chaussure (fabrique de galoches et de sabots, fabrique de tiges avant la Première Guerre mondiale).

Dans les années 30, Mme Lefeuvre tenait un des innombrables cafés de Fougères, aux angles des rues des Prés, Baron et Albert Durand. Mais son mari demeure dans la mémoire collective du pays de Fougères comme transporteur. Il assurait en particulier le transport quotidien des voyageurs et des colis pour St-James. De Fougères le voyage durait deux heures en passant par Landéan, Parigné, Poilley et St Georges. L'arrivée se faisait à l'hôtel St-Jacques à St-James. Comme on l'imagine, cet autocar n'était pas des plus confortable mais il rendait bien des services aux usagers en absence d'une ligne ferroviaire. Les cars Lefeuvre deviendront par la suite la compagnie SAFTA, puis SAFMAT.

Les communiants et communiantes s'étaient levés tôt pour être à l'église à 7 heures. La procession du 25 mai 1939 de la paroisse de Bonabry empruntait les rues de Bonabry, Victor Hugo, Alexandre III et des Feuteries. Le cérémonial de ce temps-là comme auréolé d'un voile majestueux de grâce et de spiritualité pourrait laisser certains un peu nostalgiques.

Le cortège des communiants passe devant le café Clossais rue de Bonabry. Il ne devait pas être très commode de tenir le missel de la main gauche et le volumineux cierge de la main droite en entonnant des cantiques. A cette époque, parents et amis offraient aux communiants des objets en rapport avec la cérémonie: un christ, un chapelet, un missel, une médaille en or... Mais déjà les cadeaux profanes n'étaient pas absents.

L'école des filles de St-Joseph ouvrira rue Jeanne d'Arc en 1895, ce qui en fait la toute première école d'un quartier tout neuf, appartenant pour une année encore à la paroisse de St- Léonard. Une religieuse sécularisée de la congrétation de Rillé : Marie Busson dirigera avec autorité maîtresses et élèves à partir de 1903 et ce, pour un demi-siècle.Les deux classes de l'école ont obtenu la permission de sortie de la directrice. Un photographe fougerais en a profité pour immortaliser en 1925 ce moment de détente en forêt. Heureusement, car la photo n'appartenait pas à l'univers familier d'une religieuse de l'époque et, de ce fait, les documents photographiques sont rares.

Les origines de l'école Jeanne d'Arc remontent à 1897. Mais il fallut attendre 1901 et la venue du Frère Charlemagne pour que l'école prenne son essor. La forte personnalité du frère, son autorité morale lui permettaient de jouir à Fougères d'une grande popularité qui dépassait le cadre purement scolaire. Les lois anticongréganistes de l'époque l'obligeaient, pour conserver son poste, à abandonner l'habit religieux, à se séculariser. Frère Charlemagne ne put s'y résoudre et préféra quitter sa chère école en 1911 après dix ans de loyaux services. Cette photo permet, avec nostalgie, de retrouver la communauté éducative de l'école Jeanne d'Arc vers 1910.
Assis, de gauche à droite : Frère Bouteiller, Frère Daupouy, Frère Serru, Frère Charlemagne, ?, et Frère Michel. Debout, de gauche à droite : Frère Darius, ? , Frère Blandin, Frère Christantien, ?, Frère Badie et Frère Simon.

Lorsque les religieux étaient chassés d'un établissement, celui-ci était officiellement fermé. Le frère Damien se laissa pousser barbe et moustache et quitta le rabat blanc. En se sécularisant, il devenait pour l'académie M. Georges David ; nommé à nouveau directeur de l'école libre Ste Jeanne d'Arc en septembre 1911, il demeura à ce poste jusqu'à la fin de l'année scolaire 1920.

Dans les années 20, l'école Jeanne d'Arc pouvait se prévaloir d'un effectif conséquent d'environ 300 élèves garçons répartis entre les 5 classes primaires et la classe du brevet de 30 élèves. Le préau du fond a été remodelé après 1965 et converti en salle de permanence. Ces élèves disciplinés, bien rangés autour de leurs professeurs et du frère directeur, M. Alfred Riou, nous semblent un peu anachroniques tant par leurs tenues que par leurs comportements.

Sous la conduite des frères Abel Favrion et Albert Rousseau, à gauche et des frères Henri Renault et Jules Bouyer, tous ces élèves de Jeanne d'Arc font un peu l'école buissonnière. En route pour la forêt de Fougères...

Une classe à l'école Jeanne d'Arc en 1937. Premier rang de gauche à droite : Trubert, Auvray Edmond, Hatte Louis, Hatte Roger, Genêt Georges, Le Gal Bernard, Chobé André, Moulay Georges, Leutellier Raymond, Travers Emile. Deuxième rang de gauche à droite : Jamelier Raymond, Zochetti Joseph, Béchu André, Ramel Marcel, Bourcier Jean, Lahaye Bernard, Battais Pierre, Romagne Pierre, Cherel Henri, Chemais. Troisième rang de gauche à droite : ?, Azé, Goubert Pierre, Galodé Claude, Langlais Edouard, ?, Baron Jean, ?, Jouet Henri, Bazin Augustin, ?. Quatrième rang de gauche à droite : Morel François, Grassin Joseph, Beaulieu Jean, Grimault Pierre, ?, Berthelot Constant, Voisin Jean, Lagrée Bernard, Delanoë Léon.

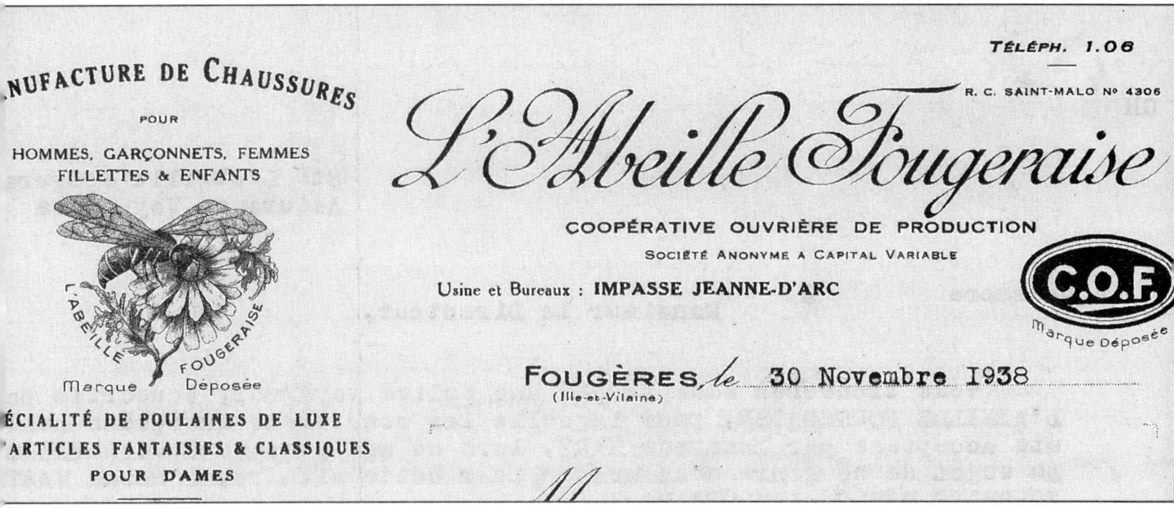
TÉLÉPH. 1.06

R. C. SAINT-MALO N° 4306

NUFACTURE DE CHAUSSURES

POUR

HOMMES, GARÇONNETS, FEMMES

FILLETTES & ENFANTS

L'ABEILLE FOUGERAISE

Marque Déposée

ÉCIALITÉ DE POULAINES DE LUXE

ARTICLES FANTAISIES & CLASSIQUES

POUR DAMES

L'Abeille Fougeraise

COOPÉRATIVE OUVRIÈRE DE PRODUCTION

SOCIÉTÉ ANONYME A CAPITAL VARIABLE

Usine et Bureaux : IMPASSE JEANNE-D'ARC

C.O.F.

Marque Déposée

FOUGÈRES, le 30 Novembre 1938

(Ille-et-Vilaine)

En 1928, l'abbé Louis Bridel fondait "l'Abeille fougeraise", une coopérative ouvrière de production de chaussures qui prenait la succession d'une entreprise patronale. L'usine "à taille humaine" et les bureaux étaient situés Impasse Jeanne d'Arc, à droite, à proximité de l'actuelle salle de la Vigilante.

Cette première vue de l'usine représente le service montage, qu'on avait pris l'habitude d'appeler "la cave" vers 38/39. A droite, Joseph Chemin, ouvrier en chaussures depuis 1906, militant syndicaliste CFTC, qui assura la direction de "l'Abeille fougeraise" pendant 30 ans jusqu'à sa fermeture en 1958. A sa gauche, le souriant Paul Delory, enfin à droite un ouvrier parmi les plus expérimentés de l'usine : Marcel Robillard.

L'effectif, assez stable, comprenait environ une quarantaine de personnes qui dans les premières années étaient toutes adhérentes au syndicat CFTC, condition d'embauche. Le service piqûre, le plus nombreux, comptait une douzaine d'ouvrières qui effectuaient une grande partie du travail à domicile. Au fond, à gauche, Madame Gaigne, la contremaîtresse, veillait au bon fonctionnement du service.

On pouvait constater que les "patrons" par pointures et modèles étaient pendues au plafond du service coupe ! A gauche, Léon Chevrinais, futur contremaître, devisait avec Bonnant. Le port de la cravate n'était pourtant pas obligatoire mais pour une photo... Il régnait une ambiance bon enfant dans cette petite manufacture de chaussures qui avait accordé dès 1930, soit 6 ans avant la loi, les congés payés à ses ouvriers et... ouvrières.

Il s'agit d'une séance de variétés donnée en février 1960 à l'occasion du cinquantenaire de l'Harmonie Jeanne d'Arc. On s'était ingénié à reconstituer sur la scène du patronage un cabaret 1910 avec orchestre. Cette formation comprenait de gauche à droite : Jean Voisin (saxo alto), Yves Cottin et Alain Cherel (trompettes), Viviane Lermitte (violon), Armand Cherel (trombone), Noël Malin (accordéon), Serge Gosselin (contrebasse) et Yves Lermitte (chef d'orchestre) chef de la musique Jeanne d'Arc.

Les "Gold-black", groupe d'acrobates de la Vigilante de Fougères photographiés en 56/57, participaient à des démonstrations de gymnastique lors des kermesses. Le groupe avait la composition suivante, de gauche à droite : Claude Houdusse, André Jolivet, Pierre Dauguet, Noël Rouxel, Pierre Grouazel, Jacques Derennes, Thebault, Gérard Gautier et Eugène Pré.

En 1902, l'Alliance des Travailleurs Fougerais créa rue Général Chanzy : "l'Emancipation Fougeraise", coopérative ouvrière de production de chaussures. A partir de 1910, Henri Lepouriel, compagnon cordonnier-bottier, assura la direction de cette coopérative qui fournissait un travail stable aux militants syndicalistes.

La fabrique Lepouriel parvint à s'agrandir par l'acquisiton de 11 lots, rue Général Chanzy, faisant partie du lotissement de Bonabry. En 1919, l'Emancipation Fougeraise fut reprise et devint l'une des usines de production du magasin de gros des Coopératives de France.

Depuis la fin du XIXe et à toutes époques, existèrent à Fougères plusieurs coopératives ouvrières de production d'obédience "contrastée". Si certaines telles L'Avenir des Travailleurs, rue de Sévigné ou encore La Fougeraise aux cotterets eurent une existence assez longue, il n'en fut pas de même de la majorité d'entre elles (La Laborieuse ; le Sillon ; etc...). La nécessité morale de redistribuer les résultats (encore fallait-il qu'ils soient positifs) devait freiner considérablement la modernisation de ces fabriques alors même que celle-ci était indispensable pour améliorer la productivité. Le magasin de gros des coopératives de France implanta un établissement à Fougères en 1922. On ne peut qu'être frappé par le caractère "archaïque" du matériel utilisé dans l'atelier de montage, qui s'effectue encore à la main, les pièces étant distribuées par un arbre de transmission, procédé qui avait déjà été abandonné chez Cordier vingt ans auparavant.

La mise au noir des peaux intervenait avant le "parage" c'est-à-dire l'opération consistant à l'aide d'un couteau à large lame, terminé en arc de cercle du côté du tranchant, à amincir les peaux.

L'atelier d'un formier. L'activité de cet artisan consiste à faire des formes ou des moules en bois servant à confectionner des chaussures. C'est un métier exigeant un grand "savoir faire" et on imagine sans peine le rôle capital qu'il pouvait jouer, autrefois, à Fougères. Pour autant, ils ne furent guère plus de quatre en activité dans cette ville... et on ne saura sans doute jamais où ce cliché a été pris. S'agit-il de la maison Trégis active pendant trente ans d'abord 29, rue des Feuteries ensuite rue Victor Hugo ? ou encore de la maison Dénouard fondée avant 1900 rue de Rillé puis installée jusqu'en 1925 à Haute Bourgère à proximité de nombreuses fabriques ?

La pause à l'usine Tréhu vers 1900. Cette fabrique avait été fondée quelques années plutôt par Bordeau, rue de Bonabry, son associé Tréhu fut un des membres fondateurs du syndicat patronal dans lequel il joua un rôle actif. Il fut, de surcroît, président de la chambre de commerce avant 1914. Il semblerait que J. Guéhenno ait débuté comme apprenti, à l'âge de 14 ans, dans cette fabrique avant de travailler à la comptabilité. A l'époque, le travail était très fragmenté. Les chaussures étaient terminées par les piqueuses qui travaillaient à domicile ce qui présentait de nombreux avantages pour les ménages ouvriers mais contribuait aussi à l'allongement des délais de fabrication.

Messieurs Morel et Gaté célébraient avec magnificience la prospérité de l'industrie de la chaussure. En d'autres temps n'avait-on pas été jusqu'à eriger un arc de triomphe de la chaussure lors de la visite éclair d'un président ? Les industriels avaient fait appel en 1927 pour la construction de leur usine à un architecte vitréen, M. Gauvin et à un mosaïste réputé Isidore Odorico. Cet artiste concevait le décor original de la façade principale de l'usine ainsi que des bâtiments annexes. L'entreprise fermée en 1976, a été réaménagée avec bonheur en une maison de retraite.

Messieurs Chauvel et Blouin nous serviront de guide pour visiter leur petite entreprise située 43, rue des Récollets, dans le haut de la rue ; elle déménagera rue de la Pinterie en 1932. Pas de recherches esthétiques particulières, simplicité et dépouillement ! Quel contraste par rapport à la fabrique de leur concurrent du bas de la rue des Récollets !

Ces deux cartons publicitaires édités dans les années 20 par la fabrique Blouin servaient à la confirmation de commandes passées par des clients... et à la promotion de l'usine. Cette fabrique d'importance relativement modeste fut touchée par le grand mouvement de grève qui paralysa l'économie locale en 1932.

Pas de poids lourds ou de mi-lourds dans la formation du "Boxing-Club fougerais" de la saison 32/33 ! Le club disposait de 4 entraîneurs bénévoles, au dernier rang, de gauche à droite : ?, Rousseau, Martine et Jourdan. Ces boxeurs ne défrayèrent jamais les chroniques sportives, même si les deux premiers à gauche : René Rouxel et Pierre Lebedel sortaient du lot.

Pierre Rouxel, à gauche, était considéré comme le chef de file du Boxing-Club. Il livra quelques beaux combats amateurs notamment contre des boxeurs du Boxing-Club malouin. Le président du Boxing-Club, ancien boxeur interdisait formellement à ses petits de fréquenter les pensionnaires de sa maison située au 112, rue de la Forêt !

III

Les conflits sociaux dans la chaussure

Au début de l'automne 1906, des négociations s'ouvrirent, fabrique par fabrique, dans le but de mieux harmoniser les tarifs auxquels étaient rémunérées les différentes catégories de chaussonniers. La négociation achoppa dans la dernière fabrique alors qu'un agrément avait été trouvé dans toutes les autres. S'en suivit une grève partielle qui, bientôt, fit tache d'huile. A la menace de lock out, les ouvriers ripostent par la grève générale (13 novembre1906). A l'initiative de la Chambre de Commerce un référendum a lieu le 27 novembre sur une proposition de reprise du travail dans des conditions telles que "les hausses entérinées et déjà appliquées avant le 1er novembre ne soient pas remises en cause... la négociation sur les points en litige devant reprendre immédiatement". Les trois quart des quatre mille votants se prononcent contre.

En 1906, l'industrie de la chaussure fait vivre, à Fougères, la moitié de la population mais les 37 fabriques sont d'une importance très inégales. Beaucoup sont des entreprises familiales de petites tailles dans lesquelles l'organisation de la production laisse à désirer et les capitaux propres sont insuffisants. Cependant existe depuis peu un syndicat patronal présidé par G. Cordier (au centre sur ce cliché) et regroupant 21 fabriques, les seules touchées par la grève.

Ainsi débuta un conflit qui allait durer trois mois. Rapidement la solidarité s'organise. Les deux syndicats "socialistes" le syndicat des coupeurs et le syndicat des cordonniers se regroupent en "syndicat rouge" qui animera avec détermination la Bourse du travail située rue C. Malard. A cette époque, ses effectifs, en progression constante depuis 1902, atteignent 1 200 membres, mais, bien que subventionné par la Municipalité, il n'est pas considéré comme représentatif par le syndicat patronal. Il est donc, le plus souvent, écarté des négociations : c'est le problème de fond. Grâce aux cotisations des membres et aux contributions versées par les travailleurs des usines non syndiqués des fonds substantiels permettront de servir, gratuitement, plusieurs centaines de repas par jour. Parallèlement, la municipalité organise quotidiennement des distributions de pain et de nombreuses oeuvres charitatives se manifestent telle, entre autres, l'oeuvre St-Joseph.

Aucun conflit social en France, ne fut mieux couvert par la carte postale que celui de l'hiver 1906-1907. Cinq photographes avec leur talent et leur sensibilité rendirent compte des événements d'une manière relativement exhaustive. Les deux documents "sur le vif" présentés ici sont parfaitement représentatifs de la qualité de leur production. La tension émotionnelle est extrême.

Les ouvriers se répartissaient les tâches. Il existait, ainsi des équipes spécialisées. L'une, par exemple, était chargée de la corvée de bois consistant à aller chercher en forêt les cordes nécessaires à l'alimentation des "fourneaux économiques" alors qu'une autre regroupait les "casseurs de bois" que l'on voit ici à l'oeuvre.

A la mi-décembre, à l'initiative du maire une nouvelle tentative de négociation avorta. Les ouvriers avaient obtenu d'être assisté lors des pourparlers dans chaque fabrique par deux représentants du syndicat rouge. Cependant, lorsque ces ouvriers se présentèrent à la première entrevue (21 décembre, usine Bahu) on leur fit remarquer qu'ils n'étaient pas porteurs de documents les autorisant à signer quoique ce soit au nom de l'ensemble de leurs camarades de l'usine. La négociation tourna court et les positions se durcirent de part et d'autre.

Les conditions matérielles dans lesquelles se trouvèrent bientôt beaucoup d'ouvriers fougerais rendirent indispensables de nouvelles initiatives de solidarité. Ainsi, le 9 décembre 1906, par une pluie battante, une centaine d'enfant furent envoyés à Rennes -où ils furent accueillis gare de Viarmes par une foule considérable- afin d'être répartis dans des familles d'accueil. Ils furent suivis ultérieurement par beaucoup d'autres qui, hormis Rennes, prirent, pour certains la direction de Laval ou de Flers. Fin février, ces enfants rentrèrent à Fougères dans une ambiance indescriptible tant l'émotion fut grande "... ambiance très "médiatisée" J. Jaurès qui était déjà venu précédemment à Fougères pour soutenir les grévistes avait tenu, pour la circonstance, à faire le déplacement.

La chambre patronale estimant que la grève s'essouflait décida une réouverture générale des fabriques le 9 janvier 1907 afin que les ouvriers "modérés" puissent reprendre leur travail. Le maire appuya cette initiative en prenant un arrêté interdisant les attroupements et proclamant que "les entraves à la liberté du travail, de quelque façon qu'elles se produisent, et d'où qu'elles viennent, seraient sévèrement réprimées..." Afin de le faire respecter il réclama -en vain- au préfet d'Ille et Vilaine l'envoi de la troupe.

Rue Lesueur se trouvait la "bourse indépendante" lieu de ralliement des "jaunes", au nombre à l'époque d'environ deux cent mais, cependant, très actifs. Naturellement, ce groupe minoritaire fait moins peur au patronat local, qui l'associe d'autant plus volontiers aux discussions qu'il lui sert souvent d'alibi auprès des travailleurs. Ainsi est-il à l'origine des propositions de tarifs discutées en septembre/octobre. On remarque au premier rang, la moustache avantageuse, Gaboury le secrétaire général de la Bourse indépendante qui dans les années 20 créera, rue du Maine, sa propre fabrique.

La tentative de rentrée des fabriques le 9 janvier fut un échec. Les quelques téméraires (sept cents au total) qui tentèrent de reprendre le travail souvent pour des raisons alimentaires, furent l'objet de telles manifestations d'hostilité qu'ils ne tardèrent pas à renoncer. Sur cet intéressant cliché, on voit les manifestants attendant leur sortie devant l'usine Cordier, la plus importante de Fougères... les gendarmes sont là mais avec consigne de ne pas intervenir. Le préfet Rault voulait éviter "tout ce qui aurait pu être interprété comme provocation". D'où la discrétion d'un service d'ordre qui aurait été, sans doute, vite débordé si les choses avaient dégénéré comme en 1900. Désapprouvant une telle attitude le maire Desrues démissionne le 10.

Le député "radical-socialiste" de Fougères, Lefas, parvient à convaincre la chambre des députés d'envoyer une délégation de la Commission du Travail dont il est membre en mission de conciliation à Fougères. Présidée par A. Millerand, futur président du conseil, elle est à pied d'oeuvre le 17 janvier 1907. Après avoir reçu, pendant deux jours, l'ensemble des antagonistes, elle arrive rapidement à un compromis : les négociations reprendront usine par usine ; un représentant ouvrier de chaque spécialité choisi par ses camarades y participera sur chaque "site" et la reprise se fera qu'après l'adoption, par toutes les parties, des nouveaux tarifs. La légitimité du "syndicat rouge" était ainsi implicitement reconnue.

Le travail repris partout le 11 février 1907. Le conflit avait duré 103 jours. Il allait avoir "son martyr" en la personne d'A. Morice, ouvrier rouge, assassiné par un déséquilibré lors d'une rixte dans un débit de boisson dans la soirée du 10. Cet incident faillit tout remettre en cause. On voit ici le cortège funèbre rue Amiral de Guichen.

Ce document fait partie d'un ensemble rarissime de caricatures (cinq connues à ce jour) émanant probablement des “jaunes”, d'une grande causticité dans les propos. Sur l'un d'entre eux, deux cochons devisent sur le passage de deux femmes portant sur un brancard une montagne de vivres. L'un d'eux interroge : “c'est pour nous ça ? Ah non répond l'autre, faut être syndiqué”. Sur un autre document, on voit Jousse le secrétaire de la Bourse du Travail juché sur un fourneau économique ; le document a pour titre : Projet de monument pour la place Lariboisière !

“Pax vobis”, reproduit ici, montre Jousse et G. Cordier se congratulant (les “rouges” ont atteint leur principal objectif). A l'arrière plan à droite les patrons revêtus de leurs capelines fourrées rangent les fourneaux tandis, qu'à gauche les ouvriers déchirent les “appels à la grève”. Au centre, Gaboury est affublé d'une paire de cornes... C'est bien lui le perdant son syndicat n'ayant plus, désormais, qu'un rôle restreint à jouer. Le conflit se soldera par plusieurs dizaines de milliers de journées de travail perdues sans que la masse salariale ait augmenté de façon vraiment significative. De plus, la conquête des marchés l'emportera pour longtemps sur l'amélioration des conditions de travail.

Un nouveau conflit éclata à Fougères le 26 janvier 1914. Il allait durer près de deux mois sans avoir le retentissement du précédent. La grève de 1906 avait porté un grave préjudice à la place de Fougères ; une partie de la clientèle lassée de ne pas voir ses commandes honorées dans les délais s'était tournée vers d'autres centres. Face à cette déconvenue, la raison sembla l'emporter quelque temps. Une "politique contractuelle" fut ainsi mise en place en 1909. Elle stipulait, entre autres, que les rémunérations seraient assises sur des rendements moyens "reconnus" et que quoiqu'il arrive aucune cessation de travail ne pouvait se produire avant le 1er décembre 1914. La question de la fixation de nouvelles normes en vue du renouvellement du contrat se trouvait posée. Or les frères Cordier relevèrent, dans ce contexte, que la production moyenne de certains coupeurs "était retombées subitement de 30 à 25 douzaines par jour" soit en dessous de la norme en vigueur ; ils avertirent donc les coupeurs incriminés que leur salaire (au-dessus du "tarif syndical") serait révisé à la baisse, l'économie ainsi réalisée étant reversée aux coupeurs les plus méritants. En retour, tous les coupeurs de Cordier donnèrent leur congés et à l'appel du secrétaire de la Bourse du Travail, Feuvrier les ouvriers des vingt fabriques syndiquées se mirent en grève malgré une ultime tentative de conciliation de la part des pouvoirs publics.

Comme en 1906, la Bourse du Travail rue Charles Malard ne tarda pas à connaître une activité débordante. Il fallait, dans les meilleurs délais rétablir les "soupes communistes". On vit donc à nouveau les cortèges des ramasseurs de bois, les longues files d'attente pour accéder aux rations alimentaires quotidiennes et les corvées telles la corvée de cassage du bois ou encore la corvée d'épluchage des légumes qu'illustrent ces deux documents d'origine inconnue et, malheureusement, de piètre qualité photographique.

A l'opposé des clichés précédent ceux présentés ici sont absolument remarquables. Ils sont l'oeuvre de Charles Raguet installé dans les années 10 à côté de l'hôtel de la Boule d'Or et dont on perd totalement la trace après la première guerre.

L'arrivée de la viande à la Bourse du Travail en février 1914.

Bien que mobilisant, au départ, cinq mille travailleurs, la grève de 1914 eut un retentissement moindre que celle de 1906. Les enjeux n'étaient pas les mêmes. Les pourparlers ne furent jamais totalement interrompus bien que plusieurs patrons aient quitté Fougères pour visiter leur clientèle. Alors que le conflit de 1906/1907 avait été sans aucun doute, un conflit de masse soutenue plus ou moins directement par la majorité de la population, il ne semble pas en avoir été ainsi en 1914. La lassitude s'installa rapidement y compris chez les ouvriers dont certains ne comprenaient pas, au fond, qu'elles étaient les raisons de la grève. Dès fin février, un accord fut trouvé en matière de rémunération moyenne des coupeurs, et ce pour une période de six ans. Il s'étendit fin mars, usine par usine, aux autres catégories. Le patronat fit quelques concessions sur la "semaine anglaise", l'introduction de formules mixtes de rémunération temps-tâches et, en contre partie, le syndicat accepta des engagements de plus longue durée, ce qui, sur le principe, empêchait la rediscussion perpétuelle des tarifs... mais la guerre en décida autrement.

Le 10 février 1932 débuta la grève la plus dure et la plus longue que devait connaître Fougères (215 jours). Le contrat fut ratifié dans un calme relatif en 1926 étant assez favorable aux travailleurs ceux-ci entendaient bien obtenir sa reconduction pure et simple, mais entre temps, la crise était passée par là (chute importante des prix, baisse des commandes ; sureffectifs etc...). Dans ce contexte, le patronat chercha à obtenir une baisse de la prime qu'il versait en compensation de "la vie chère", la réduction de certains salaires et la suppression d'une disposition permettant au syndicat d'exercer un certain contrôle sur les licenciements. La riposte fut immédiate et massive (six mille travailleurs), la détermination très forte car il s'agissait de faire céder les patrons très vite au moins avant que les commandes (le travail) ne se raréfient dans les fabriques. Cependant, alors que des progrès substantiels avaient été réalisés sur le premier et le troisième points du litige évoqué plus haut, il s'avéra impossible de trouver un accord avant cette date sur le second. A partir de là, le temps joue contre les ouvriers d'autant que les patrons ont obtenu un moratoire de la part des banques. Dès lors, les esprits vont passablement s'échauffer (dégradation des biens ; violences contre les personnes). Dans ce contexte empoisonné le maire de Fougères, Woeffel, prend ouvertement le parti des grévistes en s'opposant à ce que les usines soient protégées militairement. Aussi, les pourparlers seront-ils rompus localement. Le député Lefas -qui avait déjà joué un rôle dans le règlement du conflit de 1906, appuyé par le maire obtint la médiation du ministre radical socialiste Dalimier. Celui-ci après trois mois de difficiles tractations, parvient à faire ratifier un accord le 13 septembre 1932.

En définitive et, en simplifiant, la prime de vie chère sera bien réduite (en dessous des propositions initiales) mais le patronat cèdera sur les deux autres points : maintien des salaires de base et du contrôle syndical sur l'embauche et les licenciements. Ainsi, selon les mots du secrétaire syndical J. Fournier les acquis de la lutte héroïque de 1906 auront été renforcés "... sans doute, mais au prix de 10 milliards de nos centimes de salaires perdus, de nombreux marchés irrémédiablement compromis de la disparition, dans les trois ans, de 15 % des fabriques de la place (sans que ce conflit en soit la cause unique). Pourtant, le conflit de 1932 est exemplaire : jamais on ne connut à Fougères un tel élan de solidarité et la dignité des travailleurs, malgré leur miséré suscite encore le respect.